Autogenes Training

Der Weg zur inneren Ruhe

Von Helmut Brenner

Gesundheit & Medizin

humboldt-Taschenbuch 336

Der Autor:
Diplom-Psychologe Helmut Brenner befaßt sich als Verhaltenstherapeut mit Entspannungsverfahren. Er leitet psychotherapeutische Gruppen und führt Kurse zum autogenen Training durch.

Umwelthinweis: gedruckt auf chlorfrei gebleichtem Papier

12., überarbeitete Auflage 1996

Hinweis für die Leser:
Alle Informationen und Angaben in diesem Buch wurden von Autor und Verlag sorgfältig überprüft. Dennoch kann eine Gewähr nicht übernommen werden.

Umschlaggestaltung: Wolf Brannasky, München
Umschlagfoto vorne: Bildagentur Tony Stone, München;
                      Fotograf: Sally Mayman
Umschlagfoto hinten: Fotostudio Peter Bornemann, München
Zeichnungen Seite 51–53: Eva Gleifenstein, München
Sonstige Zeichnungen im Innenteil: Helmut Brenner

© 1978, 1989, 1992, 1994, 1996 by Humboldt-Taschenbuchverlag
Jacobi KG, München
Druck: Presse-Druck Augsburg
Printed in Germany
ISBN 3-581-66336-8

Inhalt

Vorwort

Autogenes Training macht gelassen,
aber nicht gleichgültig.
J. H. Schultz

Sie sind entschlossen, sich mit dem autogenen Training (AT) näher zu befassen. Sie suchen Informationen über dieses Verfahren oder konkrete Übungsanleitungen. Beides können Sie in diesem Buch finden.

Nicht bieten kann Ihnen dieses Buch den lebendigen Gruppenprozeß und die persönliche Therapiekontrolle. Beides ist wichtig. Wenn Sie die Möglichkeit haben, sollten Sie im Anschluß oder parallel zur Lektüre einen psychotherapeutisch geleiteten Kursus besuchen. Das autogene Training soll in der Anfangsphase nicht ohne Therapiekontrolle erlernt werden. Solche Kurse werden heute an den meisten Volkshochschulen oder anderen Bildungseinrichtungen durchgeführt. Erfahrungsgemäß fällt es in einer Gruppe leichter, die angestrebten Empfindungen zu erreichen. Dort können auch Mißempfindungen während des Übens, die allerdings selten auftreten, besprochen und geklärt werden.

Dieses Buch ist im praktischen Teil in Seminarform gehalten, wobei ich Sie als Mitglied einer Gruppe anspreche. Ich möchte Sie auch anregen, selbst Fragen zu stellen und diese aufgrund Ihrer Lektüre zu beantworten. Die angesprochenen Themen und Probleme können Sie für Ihre eigene Person durchdenken, erlebnismäßig erfahren und handelnd erproben.

Vor Beginn der Lektüre sollten Sie sich überlegen, weshalb Sie autogenes Training erlernen möchten. Im zweiten und dritten

Kapitel erfahren Sie, ob Sie mit Hilfe des autogenen Trainings Ihre Erwartungen erfüllen und Ihre Ziele erreichen können. Im vierten Kapitel steht zu lesen, welcher Trainingseinsatz dazu notwendig ist. Überlegen Sie dann, ob Sie sich der Mühe unterziehen wollen, über einen gewissen Zeitraum hinweg regelmäßig zu üben. Wenn Sie zu einem positiven Entschluß gekommen sind: Beginnen Sie mit dem Übungsteil!

Informationsteil

Was ist autogenes Training?

Die Bedeutung von Autosuggestion und Körperspürung

Haben Sie schon einmal überlegt, was der Begriff »autogen« bedeutet? Sie denken an das Auto und das Gen. Ihnen fällt ein: »Auto« bedeutet »Selbst« und »Gen-« bedeutet »Entstehen«. Autogenes Training ist ein im Selbst, d. h. in meiner Person entstehendes Entspannungstraining. In mir entstehende Entspannung bedeutet also nicht, daß von einer anderen Person her irgend etwas gegeben oder eingetrichtert wird, sondern daß die angestrebten Entspannungszustände durch eigenes Üben hervorzurufen sind. Erklärungen und Anleitungen sind natürlich notwendig; das eigentliche Trainieren ist Ihre Aufgabe.

Im autogenen Training lernen Sie Selbstentspannung und machen sich dazu brachliegende innere Fähigkeiten zunutze. Ich meine die Fähigkeit zur Autosuggestion, also zur Selbstbeeinflussung, die in jedem Menschen vorhanden ist, also auch in Ihnen. Wie Sie dabei konkret vorgehen, wird im praktischen Teil besprochen.

Im Moment erscheint mir wichtig, daß Sie die Kraft der Autosuggestion in ihrer ganzen Tragweite sehen. Sie haben vielleicht einmal mit einem Menschen gesprochen, der eine schwere Erkrankung überstanden hat, obwohl die Ärzte ihn bereits aufgegeben hatten. Dieser Mensch war in seiner lebensbedrohlichen Lage derart vom Willen zum Leben beseelt, daß er seinen Wunsch zu leben in den oftmals wiederholten Gedanken »Ich will leben« faßte – und er lebt tatsächlich.

Ein anderer verlor in einer ähnlichen Situation seinen Lebensmut, seine Widerstandskräfte schwanden, er gab sich auf und redete sich ein, daß es mit ihm zu Ende sei – er lebt nicht mehr. An diesen beiden Beispielen sehen Sie, daß Autosuggestionen auch außerhalb des autogenen Trainings anzutreffen sind. Sie sind selten so dramatisch, wie gerade geschildert; sie gehören vielmehr zu unseren täglichen Verhaltensweisen. Wer hat sich nicht irgendwann suggeriert, daß er diese oder jene Aufgabe schafft, und sich damit Mut gemacht? Wer hat sich nicht irgendwann eingeredet, daß er diese oder jene Aufgabe nicht schafft, und damit das Versagen programmiert?

Sie können auch jetzt, in diesem Augenblick, Ihre autosuggestiven Fähigkeiten überprüfen. Stellen Sie sich ganz intensiv und bildlich vor, daß Sie eine Zitrone aufschneiden, zum Munde führen und hineinbeißen . . . Spüren Sie die Speichelabsonderung im Mund oder haben Sie sich gar vor Widerwillen geschüttelt?

Sie sehen an diesen Beispielen sehr deutlich, welche körperlichen und seelischen Veränderungen kraft unserer Vorstellungen möglich sind. Diese suggestiven Fähigkeiten des Menschen werden im autogenen Training auf eine wissenschaftlich nachprüfbare Grundlage gestellt und systematisch angewendet.

Empfindungen, die beim autogenen Training wahrgenommen werden, können jeweils mit Vorgängen im Organismus erklärt werden. Die Übungen des autogenen Trainings beziehen sich auf Zustandsänderungen in unserem Körper. Denken wir z.B. an die Wärmeübung: Die Wärmeempfindung kommt dadurch zustande, daß sich Blutgefäße in den entsprechenden Körperregionen erweitern. Um diese Erweiterung willentlich zu erreichen, ist zunächst einmal die Autosuggestion nötig und zum zweiten die »Einfühlung« oder »Einspürung« z.B. in den rechten Arm. Wie dies im einzelnen vor sich geht, erfahren Sie im praktischen Teil.

Die Fähigkeit, wohltuende körperliche Empfindungen wahrzunehmen, ist uns heute weitgehend verlorengegangen. Wir achten nur noch auf Körperfunktionen, wenn diese irgendwie gestört sind oder nicht so ablaufen, wie wir es gewohnt sind. Wir achten also nur auf negativ getönte Körpersignale.

Suggestion heißt »Beeinflussung«. Wenn wir dies ganz wörtlich verstehen, können wir damit einen guten Zugang zu unserem Selbst finden. Im autogenen Training lernen wir, unseren Körper im positiven Sinne zu erspüren, und bewirken damit eine neue Einheit von Körper und Geist. Der Mensch ist von Natur aus eine Ganzheit. Das autogene Training hilft, diese Ganzheit »Mensch« wiederherzustellen.

Die Verspannungen, unter denen viele leiden, beziehen sich auf den ganzen Menschen und nicht nur auf Teile. Wenn Sie sich verkrampft fühlen, sind immer mehrere Bereiche gleichzeitig betroffen: die Muskeln, der Kreislauf, verschiedene Organe, die Nerven, das hormonelle System, das geistige System und das emotionale System. Einzelne Bereiche werden jeweils in den Vordergrund treten. Beim einen mögen es Schmerzen sein, die ihn an der Entspannung hindern, beim anderen läuft das Gedanken-Räderwerk immer weiter und läßt sich nicht abstellen.

Das autogene Training ist ein psychosomatisches Verfahren, das die Einheit von Körper und Seele wiederherstellt. Diese Verknüpfung ist so wichtig, weil die Leiden und Beschwerden des Menschen sich in allen Bereichen bemerkbar machen. Es wäre nicht gut, bei einem sogenannten körperlichen Leiden das Seelische zu vernachlässigen. Das Seelische kann sich z. B. als Angst oder Selbstunsicherheit zeigen und seinerseits mit Körpersymptomen einhergehen. Ebenso wäre es verfehlt, nur die psychische Seite des Menschen unter Mißachtung seiner Körperlichkeit zu sehen.

Eine Überbetonung des Seelischen kann zu Überempfindlichkeit und psychosomatischen Krankheiten führen. Eine Überbetonung des Geistigen kann zu Wahnvorstellungen und körperlichem Verfall führen. Eine Überbetonung des Körperlichen kann zu krankhaften körperlichen Überfunktionen und zu emotionalen Defekten, wie etwa Verleugnung des Gefühlsbereichs, führen.

Eines ist Ihnen sicherlich deutlich geworden: Wenn ein Teilbereich der Ganzheit Mensch einseitig hervorgehoben wird, führt dies zu negativen Begleiterscheinungen in diesem Bereich und zu Störungen in anderen Bereichen. Für die meisten menschlichen Leiden und Defekte hat also die willkürliche

Aufspaltung des Menschen in Teile eine ungünstige Auswirkung.

Im autogenen Training verbinden wir die geistige, gefühlsmäßige und körperliche Ebene durch autogene Selbstbeeinflussung, die sich mittels Körperspürung auf organische Zustandsänderungen bezieht. Wir werden uns unserer Ganzheit bewußt und lernen ganzheitlich zu leben.

Konzentrative Beeinflussung von Nerven-, Muskel- und Kreislaufsystem

Im autogenen Training lernen wir, physiologisch betrachtet, die willentliche Beeinflussung des vegetativen Nervensystems. Was sollen wir uns unter diesem System vorstellen? Im Deutschen wird der Begriff »Lebensnervensystem« oder »unwillkürliches Nervensystem« gebraucht. Es steuert die unwillkürlichen Körperfunktionen. Es steuert die Organe in der Geschwindigkeit ihrer Funktionen. Die Impulse zur Anregung und Anspannung bzw. zur Verlangsamung und Entspannung werden über das vegetative Nervensystem geleitet. Zu den derart beeinflußten Organen gehören: Augen, Herz, Lunge, Magen, Speicheldrüse, Leber, Niere, Darm, Blase, Geschlechtsorgan und alle Blutbahnen des Körpers. Da auch das Nervensystem Teil des Ganzen ist, sendet es nicht aus eigenem Antrieb Impulse, sondern steht mit anderen Steuerungszentren im Gehirn in Verbindung, hauptsächlich mit dem Hypothalamus (Teil des Zwischenhirns) und der Medulla oblongata (»verlängertes Rückenmark«; Abschnitt des Zentralnervensystems). Über das Gehirn steht das vegetative Nervensystem natürlich auch mit allen anderen Steuerungsmechanismen des Organismus in Verbindung und ist auch über Gefühle und Suggestionen erreichbar. Das vegetative Nervensystem besteht aus zwei antagonistisch (d.h. entgegengesetzt) wirksamen Anteilen, aus dem sympathischen und dem parasympathischen Nervensystem; der Parasympathicus wird auch Vagus-Nerv genannt. Über den Vagus werden vor allem hemmende und entspannende Impulse gesendet, über den Sympathicus anregende und anspannende Impulse.

Es ist zunächst schwer verständlich, weshalb dies für fast alle Organfunktionen gilt, aber ausgerechnet für die Magen-, Darm- und Blasentätigkeit in umgekehrter Weise funktioniert.

	Sympathicus	Parasympathicus (Vagus)
Blutdruck	Erhöhung	Senkung
Herzfrequenz	Beschleunigung	Verlangsamung
Atmung	Beschleunigung	Verflachung
Blutzucker	Vermehrung	Verminderung
Darm-Tätigkeit	Hemmung	Anregung
Harndrang	Hemmung	Anregung

Abb. 1: Funktionsrichtung von Sympathicus und Vagus

Die einzig sinnvolle Erklärung für dieses Phänomen ergibt sich aus der Betrachtung der tierischen und geschichtlich frühen menschlichen Verhaltensweisen.

Der Sympathicus trat vorrangig in Aktion, wenn das Tier und der Frühzeit-Mensch auf Jagd gingen, wenn sie sich auf Kampf- bzw. Fluchtreaktionen einstellten. Für diese Tätigkeiten war und ist es wegen des erhöhten Energiebedarfs notwendig, daß die Herzfrequenz ansteigt und die Atmung beschleunigt wird. Magen-, Darm- und Blasentätigkeit werden herabgesetzt, um alle Energien für Herz, Atmung etc. bereitstellen zu können. Über die Bahnen des sympathischen Nervensystems werden also Impulse geleitet, die der geistigen und emotionalen Einstellung auf Leistung bzw. Kampf entsprechen. Diese Veränderungen finden beim Menschen außer in Angriffs- und Fluchtsituationen z.B. in Wut-, Ärger-, Ehrgeiz- und Streßsituationen statt.

Dieser Mechanismus ist bei der Einstellung auf körperliche Leistung und Kampf sehr sinnvoll. In unserer Zeit geht es jedoch immer weniger um körperliche Arbeit; der oben beschriebene Mechanismus läuft aber trotzdem ab. Und dies ist mit Gewißheit für unseren Organismus schädlich. Das Nervensystem wird unnötig in Aufruhr versetzt, und Herz- und Atemtätigkeit werden unnötig beschleunigt. Durch Ausschüttung des Hormons Adrenalin kommt es zu einer weiteren Aktivierung. Die dadurch zur Verfügung gestellten Energien, die zu körperlicher Leistung verwendet werden sollten, werden aber nicht abgerufen. Dies führt zu einem »Energiestau« im Körper. Die Energien müssen in irgendeine Richtung abgeführt werden. Einige der möglichen Ableitungswege kennen Sie. Dazu gehören Aggressionen, Zittern, Schwindelgefühle und Kopfdruck.

Diese Erscheinungen können auch beim vollkommen gesunden Menschen auftreten, jedoch in geringerer Ausprägung als beim gehetzten Streßmenschen. Beim gesunden Menschen wirken nämlich Sympathicus und Vagus gleichzeitig und gleichberechtigt:

Über den Sympathicus wird die Herzfrequenz beschleunigt, und über den Vagusnerv wird die Notwendigkeit der Beschleunigung ständig überprüft. Sobald eine Pause in der Einstellung auf Leistung möglich ist, wird über den Vagus-Nerv die Herzfrequenz verlangsamt. Der Organismus stellt sich auf Erholung ein, und Kraftreserven können wieder aufgefüllt werden.

Es handelt sich hier um ein Regelsystem, das allerdings recht störanfällig ist. Die häufigsten Störungen kommen durch ein Überwiegen der Sympathicus-Aktivität zustande. In der Praxis bezeichnen wir einen Menschen, auf den dies zutrifft, als Sympathicotoniker: Er neigt zu Bluthochdruck, Herzerkrankungen, Zuckerkrankheit, erhöhten Blutfetten und Streßimpotenz. Beim Vagotoniker stehen die Vagusimpulse zu stark im Vordergrund. Mögliche Beschwerden- und Krankheitsbilder können Sie, wie auch beim Sympathicotoniker, aus Abb. 1 ableiten. Der Vagotoniker neigt demnach zu niedrigem Blutdruck, Mattigkeitsgefühlen, Magengeschwüren, Darmstörungen und Blasenerkrankungen. Es gibt natürlich auch Mischformen der Reaktionsgruppen, die durch unausgewogenen Wechsel bzw. gleichzeitig überhöhte Sympathicus- und Vagusaktivität zustande kommen.

Wir haben gerade die beiden Anteile des vegetativen Nervensystems, auf die wir im autogenen Training autosuggestiv Einfluß nehmen wollen, in bezug auf ihre Funktionsweise und Störanfälligkeit geschildert. Es war vielleicht neu für Sie, welche verschiedenartigen Funktionsstörungen und Krankheiten durch eine Fehlregulation im vegetativen Nervensystem zu-zustande kommen können. Es mag auch erstaunlich für Sie sein, daß wir überhaupt lernen können, das vegetative Nervensystem willentlich zu beeinflussen, wo doch dieses System im Deutschen »unwillkürliches Nervensystem«, also willentlich nicht beeinflußbares Nervensystem, genannt wird.

Diese begriffliche Schwierigkeit hat zwei Ursachen: Zum einen bezeichnete man alle Funktionen, die nicht der muskulären Willkür zugänglich sind, als »unwillkürlich«. Es ist in der Tat natürlich nicht möglich, das Herz oder die Nerven ähnlich willkürlich zu bewegen wie die Arm- oder Beinmuskeln. Man war zum andern früher der Auffassung, das vegetative Nervensystem sei überhaupt nicht willentlich zu beeinflussen. Die Erfahrung, daß dies doch möglich ist, und zwar mit Hilfe der autosuggestiven Fähigkeiten, die im autogenen Training geübt werden, breitet sich immer mehr aus.

Mit Hilfe »formelhafter Vorsatzbildungen«, wie J. H. SCHULTZ, der Begründer des autogenen Trainings, die Selbstbeeinflussungsformeln genannt hat, können Sie lernen, über die Bahnen des Sympathicus und des Parasympathicus gezielt und willentlich Entspannungsimpulse zu senden. Sie können übrigens auch lernen, Anspannungsimpulse zu senden, nur sehe ich darin keinen rechten Sinn. Was den Menschen am meisten zu schaffen macht, sind gerade Überanspannung und Verkrampfungen im Muskelsystem, im Kreislaufsystem und in den übrigen Organen.
Wenn Sie lernen, das vegetative Nervensystem gezielt zu beeinflussen, lernen Sie gleichzeitig die willentliche Beeinflussung anderer Körpersysteme. Kreislauf-, Muskel- und Organsysteme sind nämlich über konzentrative Beeinflussung des vegetativen Nervensystems erreichbar. Das Kreislaufsystem ist zwar nicht direkt autosuggestiv beeinflußbar, sondern nur über das vegetative Nervensystem. Die Nerven steuern die Ausdehnung und Verengung der Blutgefäße. Da wir lernen können, über Nervenbahnen willentlich Entspannungsimpulse zu senden, können wir auch lernen, Blutgefäße zu entspannen und so für eine bessere Durchblutung des Körpers zu sorgen.

Dies sollten Sie sich ab und zu vergegenwärtigen, damit Sie den physiologischen Zusammenhang kennen, der bei den Übungen des autogenen Trainings angesprochen wird. Wenn Sie sich z.B. mit der Wärmeübung befassen, denken Sie daran, daß die Wärmeempfindung durch Entspannung der Blutgefäße und durch verbesserte Durchblutung zustande kommt. Mit der Autosuggestionsformel stellen Sie sich also auf Körperempfindungen ein, die in einem tieferen Entspanntheitszustand erlebt werden.

Die Zustände und die Empfindungen, die Sie mit autogenem Training erreichen können, haben Sie größtenteils bereits als unwillkürlich ablaufende Prozesse erlebt, etwa kurz vor dem Einschlafen, beim Fernsehen oder Lesen. Das Neue beim autogenen Training ist lediglich, daß Sie die Entspannungsempfindungen nach entsprechender Übung auch willentlich und gezielt herbeiführen können.

Obwohl es die Möglichkeiten der Selbststeuerung durch Entspannungsverfahren gibt, steigt der Verbrauch von Psychopharmaka, besonders von Beruhigungsmitteln, ständig in erschreckender Weise.

Auch blutdrucksenkende Mittel können zu einer Entspannungsempfindung führen, wenn die im Körper vorhandenen Erregungsimpulse durch chemischen Eingriff an der Weiterleitung gehindert werden. Dies gelingt allerdings nur bei weniger als 50 % der mit blutdrucksenkenden Mitteln behandelten labilen Hochdruckpatienten. In diesen erfolgreichen Fällen werden die bereits gesendeten Erregungsimpulse unterdrückt. Dies kann andere Störungen hervorrufen. Zwar werden weniger Impulse fühlbar, im Laufe der Zeit kommt es jedoch eher zu psychosomatischen Erkrankungen, eben weil die bereits gesendeten Erregungsimpulse unterdrückt und folglich nicht verarbeitet werden.

Im autogenen Training wählen wir ein günstigeres Vorgehen. Einerseits lernen wir die bereits ausgesendeten Erregungsimpulse durch gezielte Entspannung besser zu verarbeiten. Andererseits lernen wir, durch fortgesetztes Trainieren die Körperfunktionen immer weiter zu normalisieren.

Vergleich mit anderen Entspannungsverfahren

Es gibt verschiedene Entspannungsverfahren, die ihre Berechtigung und ihren Sinn haben. Hierzu gehören neben autogenem Training: religiöse Meditation, transzendentale Meditation, Yoga, Hypnose, funktionelle Entspannung, Musik-Entspannungstherapie, Biofeedback und Tiefmuskel-Entspannungstraining.

Das autogene Training ist ein Entspannungsverfahren, das in den zwanziger Jahren dieses Jahrhunderts von dem Berliner Psychiater JOHANN HEINRICH SCHULTZ* entwickelt wurde. Die erste Ausgabe seines Standardwerkes »Das autogene Training – Konzentrative Selbstentspannung – Versuch einer klinisch-praktischen Darstellung« erschien 1932. Seither hat seine Methode große Verbreitung gefunden und ist heute das bekannteste Entspannungsverfahren. Das mag daran liegen, daß autogenes Training auch im ärztlichen Bereich Anerkennung und Anwendung gefunden hat. Eine weitere Verbreitung ergibt sich auch durch die positiven Erfahrungsberichte autogen Trainierter, die immer mehr Menschen ermutigen, selbst dieses Entspannungsverfahren zu erlernen.

Wir können autogenes Training als »im Selbst entstehende Entspannung« definieren. Wir lernen, mit »passiver Konzentriertheit« auf Muskeln, Kreislauf und vegetatives Nervensystem Einfluß zu nehmen.

Im Gegensatz zum autogenen Training ist bei den meditativen Verfahren nicht die bessere Regulation der Körpersysteme das Ziel. Vielmehr sollen geistig-meditative Übungen durchgeführt und je nach weltanschaulichem Standort unterschiedliche Ziele erreicht werden. In der **religiösen Meditation** wird eine größere Nähe zum Göttlichen angestrebt. Dabei ist die Form der Meditation recht uneinheitlich: In religiösen Exerzitien legen sich die Teilnehmer ein Sprechverbot auf, das einige Tage lang durchgehalten werden soll. Die Aufgabe des einzelnen besteht in der Durchführung von Gebeten und religiösen Lesungen. Die Entspannungsempfindungen sind Nebenprodukte; sie kommen einerseits durch meditative Gebete und

* 1884–1970

andererseits durch Ausklammern von Alltagsproblemen zustande.

Aus dem Bereich der religiösen Mystik sind Versenkungsübungen bekannt, die in Trancezustände und leidenschaftliche Gotteshuldigungen übergehen. Diese Technik, die man vor allem bei Naturvölkern vorfindet, unterscheidet sich von der christlichen und auch von der buddhistischen Versenkung. Bei letzterer wird eine innere Ruhetönung angestrebt, die es erlaubt, das Nirwana, d. h. die völlige Auflösung und Befreiung von der Körperlichkeit, zu erreichen.

Mystische Übersteigerungen haben mit Entspannungsverfahren nichts mehr gemeinsam: sie führen mit voller Absicht zum Gegenteil körperlicher Entspanntheit. Das Ziel ist bedingungslose Huldigung des Göttlichen. Der Körper wird dabei als Störfaktor angesehen, der im eigentlichen Sinne des Wortes »mißachtet« wird.

Dies gilt nicht für eine stabile religiöse Gläubigkeit, obwohl auch hier die Gefahr der Übersteigerung des Geistigen und die Mißachtung sowie Kasteiung des Körperlichen nicht übersehen werden sollte. Die ganzheitliche Entspannung in der Religion kann nicht allein durch deren meditative Techniken erreicht werden; die entspannende Wirkung der Religion kommt in erster Linie durch Antworten auf existentielle Fragen zustande: Worin besteht der Sinn des Lebens? Was kommt nach dem Tode? ... Wenn der Mensch diese Fragen für sich selbst zufriedenstellend beantworten kann, wird er sich viel weniger mit Ängsten und Krankheiten plagen.

Die existentiellen Fragen müssen nicht unbedingt auf der christlichen Ebene beantwortet werden. Der Sinn des Lebens kann auch in uns selbst liegen: »Ich lebe, um zu erleben« oder »Ich lebe, um den heutigen Tag zu meistern« oder »Ich lebe, weil ich Freude geben will« oder ...

Wer sich zu einer Religion bekennen kann, ist in der Sinn-Frage im Vorteil, weil er einfache, eindeutige und allgemeingültige Antworten auf seine Fragen bekommt. Eventuelle Glaubenszweifel können allerdings zu noch größeren Schwierigkeiten führen.

Die Frage nach dem Sinn des Lebens sollte sich auch ein autogen Trainierender zur ganzheitlichen Absicherung seines Trainings bewußt stellen und in bezug auf seine eigene Situation und Geschichte eindeutig und, wenn notwendig, schonungslos sich selbst gegenüber beantworten. Sollte die Antwort vorübergehend schmerzlich für Sie sein, dann haben Sie bisher einer Illusion angehangen.

Bei der Durchführung von meditativen Techniken wird die Auseinandersetzung mit der Wirklichkeit vermieden und der Boden der Realität verlassen. Dies geschieht auch in der **transzendentalen Meditation.** Diese Technik ist nicht an eine religiöse Richtung gebunden, stellt jedoch selbst eine Ideologie dar. Es wird eine höhere Bewußtheitsstufe angestrebt, die mit aufmerksamem Denken und Verfolgen von Symbolen und Gedanken beginnt. Bestimmte Nuancen der Gedanken sollen dann transzendiert (überschritten) werden. Das Ziel ist ein Zustand reiner Bewußtheit, wobei die Körperlichkeit keine Rolle mehr spielt. Nach den Übungen kann der Kontrast zur Wirklichkeit verstärkt spürbar werden.

Ein wichtiger Unterschied zum autogenen Training liegt also in der einseitigen Betonung der geistigen Seite des Menschen. Weiterhin wird in der transzendentalen Meditation auch mit mystischen Komponenten gearbeitet, was beim autogenen Training nicht der Fall ist.

Wie bei den meisten asiatischen Methoden wird auch beim **Yoga** die geistige Seite des Menschen stark betont. Selbst die kunstvollen Übungshaltungen und die gymnastischen Übungen beim asiatischen Yoga zielen letztendlich auf eine Überwindung des Körpers und seiner Funktionen.

SCHULTZ sieht das Ziel des autogenen Trainings nicht in einer Vergeistigung, sondern in der Gelassenheit gegenüber Körperfunktionen und Ereignissen.

Das der europäischen Kultur am ehesten entsprechende Verfahren ist der sogenannte Hata-Yoga. Die meisten Yoga-Methoden greifen aktiv in den autonomen, also unwillkürlich gesteuerten Atem- oder Herzrhythmus ein. Dadurch kann es zu Funktionsstörungen in diesen Bereichen kommen. Auch das autogene Training kennt eine Atem- und Herzübung, jedoch folgt der Trainierende hier ausdrücklich seinem Eigenrhythmus.

Als europäischer Vorläufer des autogenen Trainings kann die **Hypnose** angesehen werden, obwohl sie sich vom autogenen Training stark unterscheidet. Wichtige Erkenntnisse für die Entwicklung des autogenen Trainings sammelte Prof. J. H. Schultz durch Beobachtung und Befragung von Studenten, die er in Hypnose versetzt hatte. Sie berichteten von intensiven Entspannungsempfindungen. Die beschreibenden Begriffe, die am häufigsten genannt wurden, waren: Ruhe, Wärme und Schwere. Schultz stellte nun die Überlegung an: Wenn in tiefen Entspannungszuständen diese Empfindungen auftreten, müßte Entspannung auch dadurch zu erreichen sein, daß die Begriffe Ruhe, Wärme und Schwere auf autosuggestivem Wege eingeübt werden. Mit einem entsprechenden Training müßte es möglich sein, selbstgesteuerte Entspannung hervorrufen zu können. Seine Überlegung war richtig, wie sich an den positiven Ergebnissen zeigte. Schultz wies damit den Weg von der Fremdbeeinflussung zur systematischen Selbstbeeinflussung. Aus der Behandlung konnte Handlung entstehen; aus der Passivität konnte Aktivität werden. Erleiden und Erdulden waren nicht mehr die Devise, sondern die Menschen begannen ihr Schicksal selbst in die Hand zu nehmen. Sie lernten mit dem autogenen Training ein Verfahren kennen, das ihnen erstmals Selbststeuerung und Eigenverantwortung für sich und ihre Gesundheit ermöglichte. Hypnose dagegen ist ein Verfahren, das die passive Empfängerhaltung des Patienten unterstützt.

Bei der **funktionellen Entspannung** wird vorrangig über die Atemregulierung Gesamtentspannung gelernt. Das Verfahren wird auch atemrhythmisierende Entspannung genannt. Es geht von der Erfahrung aus, daß schon geringste Spannungen den Atemrhythmus störend beeinflussen. Durch die Übungen sollen der Eigenrhythmus der Atmung entdeckt und die Schwingungsfähigkeit des Zwerchfells erhöht werden. Dadurch können Spannungen gelöst werden.

Dieses Verfahren erscheint besonders geeignet für Personen, bei denen Atemstörungen im Vordergrund stehen. Eine gewisse Gefahr liegt darin, daß durch die alleinige Einstellung auf die Atmung dieser übergroße Bedeutung zugemessen wird und dadurch wieder neue Atemstörungen entstehen können. Ein guter Lehrer des Verfahrens kann jedoch diese Schwierigkeit beseitigen. Außerdem entwickelt sich das Verfahren von der bloßen Atementspannung zu einer ganzheitlicheren Therapie weiter.

Im autogenen Training sind wir uns der Bedeutung der Atmung und ihrer Störanfälligkeit bewußt. Deshalb gibt es auch im autogenen Training eine Atemübung, jedoch wird anders als in der funktionellen Entspannung nicht das ausschließliche Gewicht auf die Atemfunktion gelegt.

In der **Musik-Entspannungstherapie** spielt der Rhythmus eine entscheidende Rolle. Sie alle kennen die aufpeitschende Wirkung der Rockmusik oder südamerikanischer Tanzmusik. Sie haben auch die beruhigende Wirkung vieler Sonaten oder langsamer symphonischer Sätze erfahren. Bloßes Anhören solcher Musik ist jedoch noch keine Musik-Entspannungstherapie. Erst wenn die Anfangsphase des reinen Zuhörens überwunden ist, kann die Phase der emotionalen Auflockerung voll zur Wirkung kommen. Die üblichen oberflächlichen Hörgewohnheiten müssen in ein »Tiefenhören« umgewandelt werden. Ein wichtiger Unterschied zum autogenen Training liegt in der passiv-empfangenden Anwendung der Musik. Die von der eigenen Person ausgehende Suggestion fällt weg; es findet eine Außenbeeinflussung, hier durch Musik, statt. Davon abgesehen gibt es bis heute noch keine für Musik-Entspannungstherapie komponierte Musik, die ohne Einschränkung zu empfehlen ist. Aus dem Repertoire klassischer Musik erscheinen mir drei Stücke als zufriedenstellend geeignet: 1) L.v. Beethoven: Sonate Nr. 14, Cis-moll, Op. 27 Nr. 2 (Mondscheinsonate), 1. Satz, 2) R. Schumann: Träumerei (aus: Kinderszenen, Op. 15), 3) C. Debussy: Clair de lune (aus: Suite Bergamasque).

Darüber hinaus gibt es noch eine Vielzahl geeigneter Musikpassagen, jedoch finden Sie immer Tonhöhen- oder Lautstärkesteigerungen, die die Entspannung beeinträchtigen können. Selbst „Clair de lune" hat solch einen störenden Mittelteil.

In der Praxis wird die Musik-Entspannungstherapie in reiner Form nur selten durchgeführt; meist wird sie mit autosuggestiven Formeln kombiniert oder als Unterstützung im Rahmen anderer Entspannungsverfahren eingesetzt. Um eine Kopplung beider Entspannungsarten zu ermöglichen, ist es günstig, nur mit einem oder zwei Musikstücken zu arbeiten, die gleichzeitig oder abwechselnd mit der anderen Entspannungskomponente dargeboten bzw. durchgeführt werden.

In manchen Fällen sind auch gute Erfolge mit Hilfe von **Biofeedback**-Techniken zu erreichen. Hierbei wird eine dem Entspannungsziel entsprechende biologische Größe gewählt (z. B. Muskelaktivität, Herzfrequenz oder Hauttemperatur) und optisch oder akustisch wahrnehmbar gemacht. Durch Konzentration auf das rückgemeldete Signal und den Vorsatz, das Signal zu verändern, ist es nach einiger Übung möglich, die Muskelaktivität, die Herzfrequenz oder die Hauttemperatur in der gewünschten Richtung willentlich zu beeinflussen. Es werden hier mit apparativer Hilfe ähnliche Erfolge erzielt wie beim autogenen Training, jedoch ist das Verfahren aufwendig, und das Gelernte ist schwer in konkrete Situationen zu übertragen.

Das **Tiefmuskel-Entspannungstraining** (progressive Relaxation nach Jacobson) ist ein verhaltenstherapeutisches Verfahren, bei dem zunächst ohne gezielte Anwendung von Autosuggestionen fortschreitende Entspannung der Hauptmuskelpartien geübt wird. Systematische muskuläre Anspannung und Entspannung bewirken Kontrasterlebnisse; es lassen sich damit ähnliche Empfindungen erzielen, wie sie im autogenen Training auf autosuggestivem Wege eingeübt werden. Durch das Tiefmuskel-Entspannungstraining werden schnellere Erfolge erreicht als beim autogenen Training, jedoch ist das autogene Training wegen seiner intensiveren Langzeitwirkungen vorzuziehen. Wenn sich allerdings jemand nicht zum Erlernen eines autosuggestiven Entspannungsverfahrens entschließen kann oder wenn sich wider Erwarten besondere Schwierigkeiten beim Erlernen des autogenen Trainings ergeben, würde ich als Ersatz bzw. als vorbereitende Übung das Tiefmuskel-Entspannungstraining empfehlen. Jemand, der das Tiefmuskel-Entspannungstraining beherrscht, erreicht leichter und schneller Erfolge beim autogenen Training.

Diese Methode legt, im Gegensatz zum autogenen Training, besonderen Wert auf die Muskel**an**spannung und Muskel**ent**spannung. Es wird z. B. mit aktiver Anspannung der Bizepsmuskeln gearbeitet; darauf folgt die Entspannungsphase. Dabei prägen sich Entspannungsgefühle ein und versetzen den Übenden besser in die Lage, zukünftige Spannungszustände wahrzunehmen und gegenzusteuern.

Über die Kontrasterlebnisse, die durch dieses Vorgehen zustande kommen, treten die Entspannungsempfindungen in jedem Falle sogleich ein. Dies ist für die eigene Motivation, ein Entspannungsverfahren zu erlernen, von Vorteil. Beim autogenen Training dauert es normalerweise einige Tage, bis sich die ersten Empfindungen einstellen. Eine gewisse Schwierigkeit beim Tiefmuskel-Entspannungstraining sehe ich in den notwendigen umfangreichen Anleitungen, die nicht ganz leicht zu behalten sind. Wie beim autogenen Training erscheint es mir wichtig, daß der Übende die Anleitungen im Laufe der Zeit in sich aufnimmt und die Übungen auch selbst durchführt. Aus dem Geführtwerden soll eine Selbstführung werden.

Der Autor führt zusätzlich zu Kursen in autogenem Training und Biofeedback-Übungen auch Trainingsrunden in Tiefmuskel-Entspannung durch. Dazu liegt eine Toncassette mit den Übungen des Tiefmuskel-Entspannungstrainings vor, die Interessierte durch Überweisung von DM 20,– an Dipl.-Psych. H. Brenner, 32108 Bad Salzuflen, Postbankkonto Hannover Nr. 320668-304, BLZ 250 100 30 bestellen können. CD: DM 33,–. Bitte unter »Verwendungszweck« unbedingt die vollständige Adresse angeben.

Ein Package mit Toncassette und Begleitbuch ist im Humboldt-Taschenbuchverlag erschienen: Entspannungs-Training (ht 809).

(Eine Ton-Anleitung zum autogenen Training veröffentlicht der Autor nicht, weil dies dem Sinn, dem Vorgehen und dem Ziel dieses *autosuggestiven* Verfahrens widersprechen würde.)

Das Tiefmuskel-Entspannungstraining wird heute zur Behandlung einer Vielzahl psychovegetativer Störungen eingesetzt. Außerdem wird es oft im Rahmen der Verhaltenstherapie als Hilfsmittel zum Abbau krankhafter Ängste (Phobien) benutzt. Hierbei werden die angstmachenden Situationen zunächst gesammelt und dann in eine Rangfolge gebracht, die ihrer subjektiv empfundenen Angststärke entspricht. Dann wird der Klient gebeten, sich die Situation mit dem geringsten Angstwert möglichst plastisch vorzustellen. Nach etwa einer halben Minute wird er gebeten, bestimmte Übungen des Tiefmuskel-Entspannungstrainings durchzuführen. Dies wird so lange wiederholt, bis in der vorgestellten Situation keine Angst mehr auftritt. Die neue Erfahrung wird dann in der Realität erprobt. Danach kann zur nächstschwierigeren Situation übergegangen werden, bis schließlich auch die am stärksten angstbesetzte Situation angstfrei erlebt wird. Man könnte zusammenfassend sagen: Mit Hilfe von Entspannungsreaktionen wird systematisch Angst abgebaut.

Wozu autogenes Training?

Ausgangssituation

In neueren Untersuchungen kommen Ärzte und Psychologen zu dem Ergebnis, daß zwischen 30 % und 60 % der Bevölkerung unter »psychovegetativen« oder »nervösen« Störungen größeren Ausmaßes leiden. Der früher in der Medizin gebräuchliche Sammelbegriff für diese Störungen lautete »vegetative Dystonie«; heute wird meist die Bezeichnung »psychovegetatives Syndrom« verwendet. Die konkreten Äußerungsformen des »psychovegetativen Syndroms« sind sehr unterschiedlich. Das hängt mit der psychischen Beeinflußbarkeit aller Körperbereiche und mit der Ausbreitung des vegetativen Nervensystems über den ganzen Körper zusammen. Der eine erlebt einen umfassenden Erschöpfungszustand, der zweite quälende Schlafstörungen, der dritte Kopfschmerzen, der vierte Magenbeschwerden und der fünfte eine Kombination dieser Symptome. Der nächste leidet unter anderen Beschwerden, wie z. B. Schwindelerscheinungen, innerer Unruhe, leichter Erregbarkeit, Herzschmerzen oder Angstgefühlen.

Versuchen Sie jetzt einmal, sich zurückzuerinnern, in welcher Reihenfolge sich die Störungen und Beschwerden, mit denen Sie zu tun haben, entstanden sind. Wahrscheinlich hat es bei Ihnen mit leichten Verspannungen und Verkrampfungen der Muskelstränge im Schulterbereich begonnen, denen sie zunächst keine Bedeutung beigemessen haben. Danach stellten sich wahrscheinlich Schlafstörungen in Form von Einschlaf- oder Durchschlafschwierigkeiten ein.

Bei Klienten, die das autogene Training erlernen wollten, habe ich gehäuft diese Folge von Verkrampfungen im Schulternackenbereich und Schlafstörungen feststellen können. Der

Schluß liegt nahe, daß dies Beschwerden sind, die das psycho-vegetative Syndrom einleiten oder, bildhaft gesprochen,»den Stein ins Rollen bringen«. Wer beim Auftreten dieser Symptome nicht lernt, sich gezielt zu entspannen und sich zusätzlich den möglicherweise vorhandenen Problemen zu stellen, wird bald mit Konzentrationsschwierigkeiten, Gedächtnisschwäche, Leistungsabfall und Angstgefühlen reagieren. Er schafft seine Arbeit und seine übrigen Verpflichtungen immer schlechter, er leidet unter Überbelastung, er fängt immer mehr Dinge an, ohne eins zu Ende zu führen, er wird immer reizbarer und unbesonnener. Ist er an diesem Punkt angelangt und hat er noch nicht den Weg zu einem Entspannungsverfahren gefunden, kommt es je nach Persönlichkeitsstruktur zu unterschiedlichen Weiterentwicklungen. Der eine wird unbeherrscht und aggressiv; der andere resigniert und wird depressiv. Die Weiterentwicklung in eine dritte Richtung ist die häufigste: Hierbei stellen sich weitere und verstärkte psychovegetative und psychosomatische Leiden ein, also Kopfschmerzen, Schwindelgefühle, Schweißausbrüche, Zittrigkeit, Beklemmungsgefühle oder auch Magenschmerzen, Magengeschwüre, Zwölffingerdarmgeschwüre, Herzbeschwerden, Herzinfarkt, Gallenleiden, Leberleiden.

Damit möchte ich nicht gesagt haben, daß alle genannten organischen Störungen auf diesem Hintergrund entstehen. Für den größten Teil jedoch dürfte dies zutreffen. Es gibt rein somatisch (körperlich) bedingte Erkrankungen, die mit der Psyche kaum etwas zu tun haben. Aber auch zusammen mit oder als Folge von somatischen Erkrankungen treten oft Verspannungen, Verkrampfungen, Schlafstörungen, Konzentrationsschwäche, innere Unruhe, körperliche und seelische Erschöpfung und gegebenenfalls neue organische Beschwerden auf. Auch diese Folgeerscheinungen rein somatischer Erkrankungen sind mit autogenem Training zu beeinflussen.

Mit dem autogenen Training lernen wir, in den Kreisprozeß oder Teufelskreis der sich verschlimmernden Symptome einzugreifen. Wenn Sie sich den Kreisprozeß bildlich vorstellen, ergibt sich eine Spirale, die immer engere Kreise zieht.

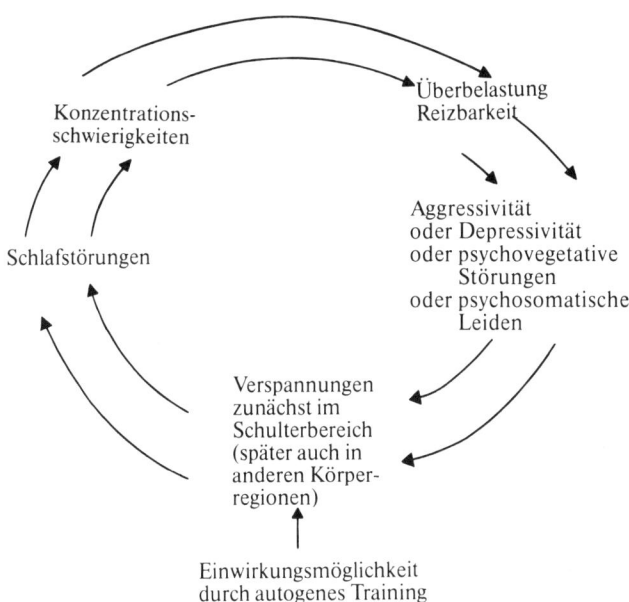

Konzentrations-
schwierigkeiten

Überbelastung
Reizbarkeit

Aggressivität
oder Depressivität
oder psychovegetative
Störungen
oder psychosomatische
Leiden

Schlafstörungen

Verspannungen
zunächst im
Schulterbereich
(später auch in
anderen Körper-
regionen)

Einwirkungsmöglichkeit
durch autogenes Training

Abb. 2: Kreisprozeß der Verspannungen

Wir wollen mit autogenem Training lernen, den Teufelskreis
der Verspannungen und Verkrampfungen zu unterbrechen und
die aus den Fugen geratene Ganzheit, die wir sein und nach der
wir leben wollen, wieder zusammenzufügen. Wir können mit
Hilfe des autogenen Trainings lernen, das ursprüngliche Ordnungsgefüge wiederherzustellen.
Dabei ist weniger entscheidend, durch welche Einflüsse jemand in den Teufelskreis hineingeraten ist. Es können Erzie-
hungs- und Umwelteinflüsse eine Rolle spielen; Konflikte in
Beruf und Familie können sich belastend auswirken. Trotz der
Probleme läßt es sich lernen, die psychovegetativen Steuerungsmechanismen wieder stärker zu koordinieren.

Gesundheitsvorsorge und allgemeine Entspannung

Es wird oft die Frage gestellt, wie zu erklären sei, daß heute viel mehr Menschen als früher unter nervösen Spannungen leiden. Die Betroffenen machen die Hetze und den Druck ihrer Umgebung und die »heutige Zeit« für die Entstehung des Übels verantwortlich. Ich habe jedoch ein ungutes Gefühl, wenn ich diese Argumente höre. Ich sehe darin ein Sich-distanzieren-Wollen von der Eigenverantwortung. Es ist tatsächlich bequemer, einem Umstand die Schuld zu geben, für den man sich nicht verantwortlich zu fühlen braucht. Es ist sicherlich auch richtig, daß jemand, der sich auf äußere Umstände beruft, in den meisten Fällen von eigenen belastenden Erlebnissen, Erfahrungen, Fehlern und Schwächen ablenkt. Jean-Paul Sartre* formulierte einmal, »daß Enthüllen Verändern ist, und daß man nur enthüllen kann, wenn man die Absicht hat, etwas zu verändern«. Das autogene Training kann Ihnen nicht auf direktem Wege Belastungen, Probleme oder Konflikte abnehmen. Mit seiner Hilfe können Sie jedoch günstigere Voraussetzungen schaffen, mit anstehenden Belastungen fertig zu werden. Sie können lernen, sich aus der konflikthaften Verstrickung zu lösen, mehr Abstand zu den unbewältigten Problemen zu bekommen. Ist das erreicht, gilt es, ein aktives Konfliktlösungsverhalten zu übernehmen (Abb. 3 auf S. 29).

Eine gelassenere Einstellung auf die Konflikte und Probleme bedeutet aktive Gesundheitsvorsorge, mehr Selbstsicherheit und mehr Entspannung. Das autogene Training kann helfen, die gelassene Grundhaltung zu erwerben, die es ermöglicht, mit den Alltagsbelastungen und den eigenen Schwächen leichter fertig zu werden.

Gesundheitsvorsorge beinhaltet auch die Möglichkeit, vorsorglich ein Verfahren zu erlernen, das sich immer dann, wenn eine Situation schwierig wird, hilfreich anwenden läßt.

---

* J.-P. Sartre: Was ist Literatur? Ein Essay (Hamburg, 1958)

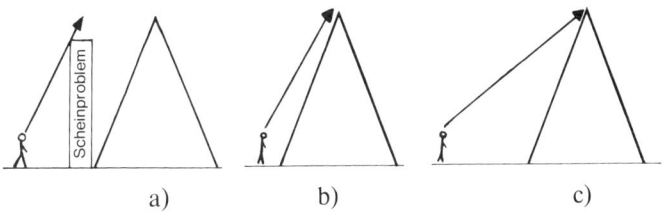

Abb. 3: Blickwinkel für Problemsicht

a) Das eigentliche Problem, das sich zum Berg aufgetürmt hat, wird gemieden. Es wird ein Scheinproblem als abschirmende Mauer vor das ursprüngliche Problem gestellt. Auswirkung: Das eigentliche Problem kann nicht bewältigt werden, weil der Betroffene es nicht wahrnimmt. Außerdem türmt sich das Scheinproblem so steil vor ihm auf, daß er auch dieses nicht bewältigen kann.
b) Der Betroffene sieht zwar das Problem, es ist aber derart hautnah und erdrückend, daß er sich wie gelähmt fühlt und keine Lösungsmöglichkeit findet.
c) Mit Hilfe des autogenen Trainings hat er gelernt, etwas mehr Abstand vom Problem zu gewinnen. Der Blickwinkel ist weniger steil geworden; er fühlt sich freier und findet vielleicht Lösungs- oder Linderungsmöglichkeiten, die er vorher überhaupt nicht gesehen hat. Zumindest ist er besser in der Lage, das Problem aktiv anzugehen.

Das heißt, daß alle ein Entspannungsverfahren erlernen sollten, denn in schwierige, anspannende Situationen kommt jeder einmal. Im vorbeugenden Sinne ist also auch für den Gesunden ein Entspannungsverfahren wichtig. Die Einsicht in die Notwendigkeit, ein Entspannungsverfahren zu erlernen, ist allerdings Voraussetzung. Wenn jemand den Nutzen nicht einsieht, hilft auch keine Überredung. Ich habe mir in solchen Fällen zum Prinzip gemacht, sachlich zu informieren, aber nicht zu überreden.

Im Zusammenhang mit Gesundheitsvorsorge und allgemeiner Entspannung sollten wir auch auf den Begriff und die Bedeutung von **Streß** eingehen, über den heute überall gesprochen wird. Von den einen wird er verteufelt, von anderen wird er zum

Nachweis der Daseinsberechtigung glorifiziert. Die meisten Menschen hassen Streß; andere meinen, ohne ihn nicht leben zu können. Die einen sagen, Streß sei notwendig und lebenswichtig; die anderen behaupten, Streß mache sie kaputt.

Die Streßdiskussion wird durch die schillernde Bedeutungsvielfalt des Begriffes erschwert. Streß setzt sich zusammen aus den *Stressoren*, damit sind die äußeren Einflüsse oder Reize gemeint, und aus dem *Strain*, damit sind die Verarbeitungsweisen oder Reaktionen auf die Stressoren gemeint. Die Stressoren, wie zum Beispiel Störungen im Arbeitsablauf oder Lärm, werden meistens mit Streß gleichgesetzt. Es kommt jedoch auf die Reaktion auf diese Einflüsse an, die darüber entscheidet, ob etwas als Streß erlebt wird.

Es ist ohne weiteres möglich, daß jemand Unterbrechungen im Arbeitsablauf braucht, weil er sich sonst nicht wohl fühlt. Dieser Mensch wird eine Unterbrechung sicherlich nicht als Störung erleben. Viel eher wird er eine Nicht-Unterbrechung als Streß erleben.

Eine Abart des Streß schildert HERMANN MARCUS in dem Buch »Die faule Gesellschaft«.* Hier geben sich einige »Akteure« den Anschein des Gestreßtseins, um ihre vermeintliche Hochleistung unter Beweis zu stellen.

In der Vorstellung sind nämlich die Begriffe Streß, Zeitnot und Hochleistung eng miteinander verbunden. Die Gedankenkette lautet: Wer in Zeitnot ist, leidet unter Streß; wer gestreßt ist, leistet besonders viel.

Diese Gleichung kann in dieser Form nicht stimmen. Die Personen, die den Streß in der eben geschilderten Form vortäuschen, geraten allerdings in hochgradigen Streß, wenn die Mitmenschen sie als **nicht** gestreßt wahrnehmen. Soviel zu dieser Sonderform.

Häufiger wird auf eine Störung mit Streß reagiert, weil ein überhöhter Leistungsanspruch an sich selbst besteht, weil der Anspruch oder die Forderung auftaucht, mehrere Dinge zur gleichen Zeit tun zu müssen, oder weil eine Angst entsteht, die mo-

---

* HERMANN MARCUS: Die faule Gesellschaft – Wie die Deutschen arbeiten (Düsseldorf, 1974)

mentane Aufgabe nicht in der vorgeplanten Zeit beenden zu können. Unter Streß wird allerdings meist das Gegenteil erreicht: Die Arbeit dauert länger, und es unterlaufen Fehler, die bei einem kühlüberlegten Vorgehen nicht vorgekommen wären.

Das autogene Training kann zwar auf direktem Wege keine Aufgaben und auch keinen Streß lösen; Sie können aber durch dieses Training die Fertigkeit erlangen, mit solchen Situationen und Empfindungen leichter zurechtzukommen. Als autogen Trainierter werden Sie außerdem erfahren, daß manche Aufgaben sich leichter erledigen lassen und manche vermeintliche Streßsituation die Erregung nicht wert ist.

»Streßmenschen« behaupten manchmal, Streß sei gesund, er sei der Motor des Lebens und des Fortschritts. Wenn mit dieser Aussage kurzfristige, konzentrierte Anstrengungen gemeint sind, bin ich einverstanden. Ich würde jedoch in diesem Zusammenhang den Begriff Streß nur benutzen, wenn die kurzfristige, konzentrierte Anstrengung als Überanstrengung bzw. Überbeanspruchung erlebt wird oder wenn negative Begleiterscheinungen in Form psychosomatischer Mißempfindungen auftreten. Solange dies nicht der Fall ist, befürworte ich das engagierte Leistungsverhalten. Wenn jedoch Leistung zu bedrückendem Streß wird, ist es meiner Ansicht nach an der Zeit, die Gewichtungen der Lebensinhalte und Lebensziele zu überprüfen. In solchen Fällen halte ich es für den Betroffenen sich selbst und seinen Mitmenschen gegenüber für unverantwortlich, mit der dauernden Überbelastung weiterzumachen und sich obendrein damit zu entschuldigen, daß er den »Streß« ja nur deswegen auf sich nehme, damit es seiner Familie oder sonstigen Angehörigen gut gehe. Selbst wenn diese Argumente der ehrlichen Überzeugung entsprechen, sind sie bedenklich.

Falls Sie sich hier in irgendeiner Form angesprochen fühlen, können Sie Ihr »Entschuldigungsargument« ganz offen sich selbst gegenüber prüfen. Spielen nicht doch persönliche Faktoren eine Rolle? Können Sie es zum Beispiel schwer ertragen, daß Ihr Kollege besser ist als Sie, oder suchen Sie durch mehr Leistung größere Anerkennung, oder spielen andere bereits genannte Gründe die Hauptrolle?

Die eigentlichen Gründe sollten Sie kennen, um sich mit Ihren Ängsten, Ärgernissen und Enttäuschungen auseinandersetzen zu können. Meistens ist danach ein Großteil des bisher notwendigen »Ablenkungsstresses« hinfällig. Ein in autogenem Training Geübter kann sich diesen Themen leichter stellen, den eigentlichen Problemlösungsweg sicherer durchschreiten und den letztlich verbleibenden Streßteil besser beherrschen.

An diesem Beispiel wird wieder der meiner Ansicht nach notwendige zweigleisige Ansatz deutlich. Dieser sollte durchgeführt werden, wenn Sie zu einer grundsätzlichen Änderung konfliktbedingter Spannungszustände kommen wollen. Wenn Spannungen durch nicht verarbeitete Erlebnisse oder Probleme ständig aufrechterhalten werden, können Sie durch autogenes Training die dadurch entstehenden Symptome wie Kopfschmerzen, Schwindelgefühle oder Magendruck zwar vorübergehend lindern, aber die Motoren, die die Spannung erzeugen, das heißt die Probleme und Konflikte, werden dadurch nicht abgestellt.

Manchmal ist es so, daß anstehende Probleme nicht zu lösen sind, zum Beispiel wenn Sie einen sterbenskranken Partner zu pflegen haben. Sie sollten sich aber in solchen Fällen unbedingt mit einer vertrauten Person oder Gruppe besprechen. Vielleicht gibt es noch Teilaspekte, in denen Lösungen oder bessere Arrangements möglich sind. Sollte dies nicht der Fall sein, wirkt sicherlich die Aussprache entlastend und führt eventuell zu einer Einstellungsänderung. Die weitere Entspannung können Sie durch autogenes Training unterstützen.

Klienten, die mit Hilfe von autogenem Training wieder einen zunehmenden Entspannungsgrad erreicht haben, berichten über ruhigeren Schlaf, geringere Nervosität, weniger Muskelverspannungen, geringere Hetze und weniger Zeitdruck. Äußerungen wie »Das Warten fällt mir nicht mehr so schwer«, »Die Fliege an der Wand stört mich nicht mehr« oder »Ich fühle mich jetzt rundherum wohl« sind Umschreibungen für das, was wir mit Entspannung meinen.

Gezieltes Ansprechen einzelner Körperregionen

Das autogene Training hat ein allgemeines und ein spezifisches Ziel. Zum einen wird eine allgemeine Entspannung sowie eine dauerhaft-bessere Regulation der Körpersysteme angestrebt; dies entspricht einer allgemeinen Senkung des Erregungsniveaus. Zum anderen können Sie die Möglichkeit erwerben, sich in jeder belastenden Situation sofort zu helfen.

Eindrucksvolle Berichte stammen von Himalaya-Expeditionen. Nach Lawinenzwischenfällen war eine Expeditionsgruppe eingeschlossen. Nur diejenigen, die autogenes Training oder ein entsprechendes Entspannungsverfahren gelernt hatten, konnten überleben und sich vor größeren Erfrierungen schützen, weil sie die Durchblutung ihres Körpers durch die Wärmeübung gezielt anregen konnten.

Eine andere eindrucksvolle Schilderung stammt von H. LINDEMANN, der allein in einem Faltboot den Atlantik überquerte; er hielt die damit verbundenen Strapazen nur mit Hilfe von autogenem Training durch. Autogenes Training half ihm bei Angstzuständen, Magenkrämpfen, Salzwasserwunden und Erschöpfungszuständen.

LINDEMANN ist ein Mensch, der die Gefahr und das Risiko sucht, um sich selbst zu beweisen. Sein Verhalten erinnert mich an manche Klienten mit Herzinfarkten, die sich wie aus einem inneren Zwang heraus überfordern und dann erstaunt sind, daß ihr Organismus extreme Belastungen über längere Zeiträume hinweg nicht erträgt.

Aber auch die Belastungen, die tagtäglich von außen auf uns zukommen, sind bereits so groß, daß mancher keinen Ausweg mehr sieht und dankbar die Selbstentspannungsmethode des autogenen Trainings annimmt. Anderen Belastungen unterwerfen wir uns auf Grund übersteigerter Eigenanforderungen. Sollte dies auch für Sie zutreffen und sollte es Ihnen allein oder mit Hilfe des autogenen Trainings nicht gelingen, eine Verhaltensänderung herbeizuführen, besteht noch die Möglichkeit, dies mit psychotherapeutischer Unterstützung zu erreichen.

Die Anschriften einiger Psychotherapieverbände finden Sie am Schluß des Buches.

In jedem Fall ist das autogene Training günstig, auch bei ursprünglich körperlichen Leiden. Die Besserungsmöglichkeiten durch autogenes Training sind entsprechend der Ursache beziehungsweise Herkunft der Beschwerden unterschiedlich. Wenn es sich bei Kopfschmerzen zum Beispiel um Spannungskopfschmerzen handelt, können diese vollkommen beseitigt, tumorbedingte Kopfschmerzen dagegen lediglich etwas gelindert werden. An diesem Beispiel dürfte Ihnen auch deutlich werden, daß Sie bei Schmerzzuständen unklarer Herkunft einen Arzt konsultieren sollten, der dann eventuell notwendige Untersuchungen veranlassen kann. Wenn ärztlicherseits, um ein Beispiel zu nennen, eine Mittelohrentzündung bekannt ist und behandelt wird, können Sie noch zusätzlich autogenes Training üben. Bei anderen Schmerzzuständen, wie etwa Wirbelsäulenleiden, ist die Medizin weitgehend machtlos; das autogene Training bietet Ihnen eine Möglichkeit, die Schmerzen zu lindern.

Ein Magengeschwür wird bei einem autogen Trainierten wesentlich schneller abklingen als bei einem Untrainierten. Außerdem wird die Auftrittswahrscheinlichkeit eines neuen Magengeschwürs erheblich verringert.

Die Spannbreite der Hilfen durch autogenes Training ist also recht groß. Abgesehen von der allgemeinen Entspannung lernen Sie für die wichtigsten Organbereiche besondere Übungen kennen und können im Bedarfsfall, wenn Beschwerden auftreten, die Herzübung, die Atemübung, die Bauchübung oder die Kopfübung gezielt einsetzen.

Gelassenheit und Konzentrationssteigerung

Die Ziele des autogenen Trainings faßt J. H. Schultz folgendermaßen zusammen:

1. Erholung
2. Selbstruhigstellung

3. Selbstregulierung sonst unwillkürlicher Körperfunktionen, wie zum Beispiel des Blutkreislaufes
4. Leistungssteigerung, zum Beispiel des Gedächtnisses
5. Schmerzabstellung
6. Selbstbestimmung
7. Selbstkritik und Selbstkontrolle durch Innenschau in der Versenkung.

Er formuliert:

»Die konzentrative Selbstentspannung des autogenen Trainings hat also den Sinn, mit genau vorgeschriebenen Übungen sich immer mehr innerlich zu lösen und zu versenken und so eine von innen kommende Umschaltung des gesamten Organismus zu erreichen, die es erlaubt, Gesundes zu stärken, Ungesundes zu mindern oder abzustellen. Wie der Mensch, der lesen gelernt hat, nun lebenslänglich lesen »muß«, wenn er Schriftzeichen sieht, »muß« dem autogen Trainierten eine entspannt gelassene Haltung zur zweiten Natur werden.«*

Versuchen wir, uns am Beispiel des Lesens und Lesenlernens den autogenen Trainingsprozeß weiter zu verdeutlichen. Erinnern Sie sich an eine Fahrt auf der Autobahn: Vor den Autobahnausfahrten pflegen Sie alle angegebenen Städtenamen zu lesen, selbst wenn Sie noch einige hundert Kilometer weiterfahren wollen. Sie spüren einen Drang, die Buchstaben, die Sie sehen, zu Worten zusammenzusetzen. Das gleiche passiert Ihnen, wenn Sie in einer Stadt sind und Geschäftsnamen oder Reklameschilder sehen. Auch hier können Sie gar nicht anders, als die Worte zu lesen. Sie haben dies einmal gelernt und tun es in der Folgezeit immer wieder.

Dieses Beispiel können Sie auf das autogene Training übertragen: Wenn die Formeln und die angestrebten Entspannungszustände eingeübt sind, treten durch Denken oder Lesen der Formeln des autogenen Trainings die mittrainierten Entspanntheitszustände zwangsläufig ein. Sie können die Entspannung in diesem Fall nur durch die konzentrative Gegeneinstellung auf einen Spannungszustand verhindern. Ich wüßte jedoch keinen

* J. H. Schultz: Übungsheft für das autogene Training (Stuttgart, 1973) S. 10

Grund, weshalb Sie sich auf Spannung einrichten sollten, allenfalls auf eine konzentrierte Aufmerksamkeit. Konzentration ist jedoch am wirkungsvollsten, wenn sie ohne besondere Anspannung der Körpersysteme stattfindet.

Der gestreßte Hochleistungsmensch kann sich dies schwer vorstellen. Er hat noch nicht erfahren, wie die Konzentrationsfähigkeit mit dem steigenden Grad der Gelassenheit zunimmt. Er ist davon überzeugt, daß er in Spannung sein muß, um sich konzentrieren zu können, und er handelt entsprechend. Er verwechselt Gelassenheit mit Gleichgültigkeit, und er befürchtet, ihm könnte irgendwann Gleichgültigkeit oder Trägheit vorgeworfen werden. Ein solcher Mitmensch verdeckt oft eine Selbstwertproblematik. Er findet in sich selbst keinen festen Pol, sondern macht sich von der Beurteilung anderer abhängig. Er hat in der Folgezeit Angst, daß aus Beurteilung eine Verurteilung wird. Wenn die Beurteilung an die Arbeitsleistung geknüpft wird, befürchtet er zum Beispiel eine Abwertung seiner Leistungsfähigkeit. Er übernimmt erneut zusätzliche Arbeiten; er wartet auf Anerkennung, die ausbleibt; er macht Überstunden; und er kommt langsam, aber sicher ins »Trudeln und Schleudern«, denn inzwischen werden auch die psychovegetativen Begleiterscheinungen immer stärker.

Durch den Einsatz des autogenen Trainings streben wir **keine** totale Umkehrung der bisherigen Verhaltensweisen an. Dies ist nicht möglich und auch nicht sinnvoll. Erstrebenswert ist ein Gefühl des Wohlbefindens. Um dies zu erreichen, können Sie lernen, Verhaltensweisen und Persönlichkeitszüge, die zu stark ausgeprägt sind, abzuschwächen bzw. die Spitzen und Auswüchse zu glätten. Auch hier hat das SCHULTZ-Zitat Gültigkeit: »Autogenes Training macht gelassen, aber nicht gleichgültig.« Autogenes Training will Ihnen keine Ihrer liebgewonnenen Angewohnheiten oder allzumenschlichen Schwächen nehmen. Sie erlangen vielmehr die Fähigkeit, Ihre Schwächen zu kontrollieren – wenn Sie dies wollen. Autogenes Training nimmt Ihnen keine Möglichkeiten, sondern es gibt Ihnen neue dazu: In einer gelassenen Atmosphäre wird Ihr Entscheidungsspielraum erweitert; Sie finden besser zu sich selbst, und Ihre schöpferische Gestaltungsfähigkeit nimmt zu.

Mit innerer Sammlung und Gelassenheit können Sie den Alltagsbelastungen gelöster gegenüberstehen und sie leichter bewältigen. Wenn Ihnen trotzdem einmal nach Ärger oder Erregung zumute ist, sollten Sie sich keinen Zwang auferlegen. Geben Sie ruhig Ihren Impulsen nach, zumindest, wenn die momentane Situation dies ohne negative Konsequenzen erlaubt. Ich denke hierbei z. B. an ein Fußballspiel oder eine Fernsehsendung.

Manche Klienten kommen mit der Vorstellung zu mir, sie müßten sich zur Ruhe zwingen. Daß dies nicht der richtige Weg sein kann, dürfte Ihnen nach der bisherigen Lektüre bereits deutlich geworden sein. Zwang bedeutet Spannung und damit das Gegenteil von Entspannung.

Ihre zukünftige Freiheit soll unter anderem in der Wahlmöglichkeit zwischen Spannung und Entspannung bestehen. Bisher hatten Sie keine Wahl. Die Spannung hatte von Ihnen Besitz ergriffen, und Sie hatten kein geeignetes Mittel, etwas dagegen zu tun.

Fragebogen zur individuellen Notwendigkeit von autogenem Training

Sofern Sie überprüfen wollen, inwieweit autogenes Training für Sie sinnvoll bzw. wichtig ist, füllen Sie bitte den nachfolgenden AT-Fragebogen aus. Gleichzeitig können Sie ihm eine Auswahl von Beschwerden entnehmen, die durch autogenes Training zu beseitigen bzw. zu lindern sind. Eine Auswertungsanleitung finden Sie im Anschluß an den Fragebogen.

AT-Fragebogen

Im folgenden finden Sie eine Liste von Leiden und Beschwerden.
Kreuzen Sie bitte das jeweils für Sie zutreffende Feld an.

	häufig/ stark	selten/ manchmal	nicht/ niemals
1. Reizbarkeit	☐ 2	☐ 1	☐ 0
2. Nervosität	☐ 2	☐ 1	☐ 0
3. Einschlafschwierigkeiten	☐ 2	☐ 1	☐ 0
4. Durchschlafschwierigkeiten	☐ 2	☐ 0	☐ 0
5. Abgespanntheit	☐ 2	☐ 0	☐ 0
6. Muskelverspannungen	☐ 2	☐ 1	☐ 0
7. Kalte Hände/Füße	☐ 2	☐ 1	☐ 0
8. Innere Unruhe	☐ 2	☐ 1	☐ 0
9. Aufsteigende Hitze	☐ 2	☐ 1	☐ 0
10. Schweißausbrüche	☐ 2	☐ 0	☐ 0
11. Schwindelgefühle	☐ 2	☐ 1	☐ 0
12. Zittrigkeit	☐ 2	☐ 1	☐ 0
13. Kopfschmerzen	☐ 2	☐ 1	☐ 0
14. Echte Migräne	☐ 2	☐ 1	☐ 0
15. Mattigkeit	☐ 2	☐ 1	☐ 0
16. Konzentrations- schwierigkeiten	☐ 2	☐ 1	☐ 0
17. Beklemmungsgefühle	☐ 2	☐ 1	☐ 0
18. Berufliche Sorgen	☐ 2	☐ 1	☐ 0
19. Private Sorgen/Konflikte	☐ 2	☐ 1	☐ 0
20. Angstzustände	☐ 2	☐ 2	☐ 0
21. Schwere Träume	☐ 2	☐ 1	☐ 0
22. Grundloses Weinen	☐ 2	☐ 2	☐ 0
23. Kloß-Würgegefühl im Hals	☐ 2	☐ 2	☐ 0
24. Herzschmerzen	☐ 2	☐ 1	☐ 0
25. Herzjagen, Herzstolpern	☐ 2	☐ 2	☐ 0
26. Kreislaufbeschwerden	☐ 2	☐ 1	☐ 0
27. Magenbeschwerden	☐ 2	☐ 2	☐ 0
28. Verdauungsbeschwerden	☐ 2	☐ 1	☐ 0
29. Atembeschwerden	☐ 2	☐ 1	☐ 0
30. Grübeln über die Krankheit	☐ 2	☐ 1	☐ 0

Wie verhalten Sie sich in Konfliktsituationen (wenn es zu einer Auseinandersetzung kommt)?

— im Betrieb: ....

— zu Hause: ....

Welche Probleme belasteten Sie in letzter Zeit? ....

....

Auswertung des Fragebogens

1. Addieren Sie die hinter Ihren Kreuzen stehenden
Zahlen   _____ Punkte

2. Bewerten Sie das Verhalten in den Konfliktsituationen nach folgendem Schema:
a) besonnenes u. ä. Verhalten: je 0 Punkte
b) hektisches u. ä. Verhalten: je 2 Punkte
c) „in-sich-hineinfressendes"
Verhalten: je 4 Punkte   _____ Punkte

3. Bewerten Sie jedes Problem nach der von Ihnen
empfundenen Belastungsstärke mit 1–3 Punkten
nach folgendem Muster:
a) etwas belastend: je 1 Punkt
b) belastend: je 2 Punkte
c) stark belastend: je 3 Punkte   _____ Punkte

                                        gesamt: _____ Punkte

Bewertung

Wenn Sie weniger als 15 Punkte errechnet haben, können Sie
sich über Ihre relative psychovegetative Stabilität freuen. Das
autogene Training hat bei Ihnen vor allem vorbeugende Wir-
kungen. Sie können damit rechnen, daß sich die Beschwerden,
die Sie angegeben haben, bessern oder beseitigen lassen. Kon-
sequentes Trainieren ist natürlich Voraussetzung.

Wenn Sie 15 – 30 Punkte errechnet haben, befinden Sie sich
bereits im Kreis der Verspannungen und der psychovegetativen bzw. psychosomatischen Störungen. Sie sollten möglichst
bald mit dem autogenen Training beginnen. Nach etwa 2 Monaten konsequenten Trainierens und nach vollzogener Problembearbeitung können Sie eine wesentliche Besserung bzw. die
Beseitigung der Beschwerden erreichen.

Wenn Sie über 30 Punkte errechnet haben, stecken Sie bereits
tief im Kreis der Verspannungen und Belastungen. Sie sollten
eingehend die Hinweise zur Problem- und Konfliktverarbei-
tung lesen und entsprechend handeln. Parallel dazu sollten Sie
konsequent die Übungen des autogenen Trainings durchführen. Auch Sie können eine Linderung bzw. die Beseitigung
mancher Beschwerden erreichen, nur wird dies länger dauern
als bei den anderen Gruppen.

Die Frage der Eignung

Positive Einstellung und Durchhaltevermögen

Sie haben bereits einiges über die Anwendungsbereiche des autogenen Trainings erfahren. An dieser Stelle sei nochmals genauer auf die Voraussetzungen eingegangen, die Sie mitbringen sollten, wenn Sie autogenes Training erlernen möchten. Manche haben die Vorstellung, sie müßten ein gutes »Medium« sein, und denken an okkultistische Veranstaltungen. Damit hat autogenes Training jedoch nichts zu tun, wie Sie den Anfangskapiteln bereits entnehmen konnten.

Die wichtigste Voraussetzung ist eine positive Einstellung zu diesem Entspannungsverfahren. Sie sollen Autosuggestion, also Selbstbeeinflussung üben, und das gelingt nur, wenn Sie dies auch wollen. Selbst eine Hypnose kann nur dann funktionieren, wenn der Klient dies möchte und die Fremdsuggestion als Eigensuggestion übernimmt. Die Fachleute sind sich heute darüber einig, daß Fremdsuggestion nur über Selbstsuggestion wirken kann.

Eine positive Einstellung ist zum Erlernen eines Entspannungsverfahrens notwendig, weil eine negative Voreinstellung Abwehr und damit Spannung bedeuten würde. Wer nicht bereit ist, Abwehr bzw. Spannung aufzugeben, kann keine Entspannung lernen. Dies bedeutet jedoch nicht, daß eine kritische Anfangshaltung ungünstig wäre. Sie ist sogar begrüßenswert, denn Sie sollen sich nicht überreden, sondern überzeugen. Dazu ist es allerdings notwendig, dem Verfahren einen gewissen Kredit in Form von positiver Voreinstellung zu geben, denn überzeugt werden können Sie nur durch Ihre eigenen positiven Erfahrungen mit der Entspannungsmethode. Ein Klient schreibt: »Die Mühe und die Überwindung der Skepsis haben sich gelohnt, und ich möchte diese Möglichkeit der Entspannung nicht mehr missen. Die Übungen gelingen mir jetzt in jeder Lage, auch im Stehen.« Ein anderer schreibt: »Obwohl ich anfangs sehr skeptisch war, habe ich mich von der Richtigkeit und Wichtigkeit des autogenen Trainings überzeugt und eine größere Bereitschaft zur inneren Offenheit erzielt. Meine Innenschau wurde bereichert und meine Toleranz hat zugenommen.«

Die mangelnde Konzentrationsfähigkeit macht vielen Übenden am Anfang zu schaffen, und sie ziehen daraus den Schluß, sie seien für autogenes Training nicht geeignet. Dies ist sicher falsch. Das autogene Training führt sogar zu einer Steigerung der Konzentrationsfähigkeit, nur bedarf es des intensiven Übens, bevor dieser Erfolg erreicht wird.

Es gibt nur einen echten Hinderungsgrund: Sie wollen autogenes Training nicht erlernen bzw. Sie sträuben sich dagegen. Jeder, bei dem dies nicht der Fall ist, ist grundsätzlich geeignet. Entsprechend der Vorbelastung werden die angestrebten Empfindungen bei dem einen zwei Wochen früher, bei dem anderen zwei Wochen später erreicht.

Etwas Durchhaltevermögen ist zum Erlernen des Verfahrens günstig. Dies bedeutet nicht, daß eine verbissene Hartnäckigkeit von Ihnen gewünscht wird, sondern eine lockere Ausdauer. Man könnte das Erlernen des autogenen Trainings mit dem Lesen- oder Rechnenlernen vergleichen. Das Rechnen haben Sie auch nur durch ständiges Üben erlernt. Sie haben mit ganz leichten Aufgaben angefangen und hatten nicht gleich den überhöhten Anspruch, nach der ersten Rechenstunde bereits alle Rechenarten zu beherrschen. An das autogene Training stellen gerade Erwachsene solche überhöhten Erwartungen. Vielen Menschen ist mit der Kindheit auch die Geduld verlorengegangen. Sollten Sie der Auffassung sein, alles müsse entweder sofort oder gar nicht erledigt werden, neigen Sie also zu extremen Standpunkten, sollten Sie sich von vornherein auf mögliche Enttäuschungen bezüglich der Trainingsfortschritte einstellen. Wenn Sie sich hingegen im täglichen Training nicht beirren lassen, werden Sie Ihr Ziel erreichen.

Wenn Sie von sich wissen, daß Sie recht wankelmütig und wenig ausdauernd sind, sollten Sie dies durch eine Verstärkung der Motivation auszugleichen versuchen. Fragen Sie sich, was Sie durch autogenes Training erreichen wollen. Gehen Sie dabei von Ihren Beschwerden oder Ihrem Befinden aus. Wenn Sie leicht reizbar sind, könnte Ihr Ziel lauten: Ich möchte erreichen, daß ich nicht bei jeder Auseinandersetzung die Fassung verliere. Wenn Sie an häufigen Magenbeschwerden leiden, könnte Ihr Ziel lauten: Ich möchte durch diese Entspannungsübungen lernen, die täglichen Einflüsse leichter zu verkraften. Setzen Sie sich die Ihrer Person entsprechenden Nah- und Fernziele und sehen Sie die einzelnen Übungen als Bausteine auf dem Wege zu diesen Zielen. Auch bei einem Hausbau beginnen Sie mit dem Fundament.

Fragebogen zur Eignung

Kreuzen Sie bitte das jeweils für Sie zutreffende Feld an. Überlegen Sie nicht lange, sondern antworten Sie möglichst spontan.

	stimmt genau	stimmt in etwa	stimmt gar nicht
1. Ich kann mich gut in andere hineindenken	☐ 2	☐ 1	☐ 0
2. Man hält mich für einen optimistischen Menschen	☐ 2	☐ 1	☐ 0
3. Wenn ich ein Ziel erreichen will, gebe ich so schnell nicht auf	☐ 2	☐ 1	☐ 0
4. Ich kann mich wenigstens 10 Sekunden auf ein Thema konzentrieren	☐ 2	☐ 1	☐ 0
5. Ich habe ein gutes, bildhaftes Vorstellungsvermögen	☐ 2	☐ 1	☐ 0
6. Ich weiß, was ich mit autogenem Training erreichen möchte	☐ 2	☐ 1	☐ 0
7. Man sagt mir Gründlichkeit und Ordnungsliebe nach	☐ 2	☐ 2	☐ 0
8. Bei mir muß alles schnell erledigt sein	☐ 0	☐ 1	☐ 2
9. Ich bin empfindsam	☐ 2	☐ 2	☐ 0
10. Ich bin für meine Ausdauer bekannt	☐ 2	☐ 1	☐ 0

Auswertung des Fragebogens

Addieren Sie die hinter Ihren Kreuzen stehenden Zahlen.

Bewertung

Unter 5 Punkten:
Wer weniger als 5 Punkte erreicht hat, sollte sich zunächst nicht mit dem autogenen Training beschäftigen. Die Voraussetzungen zum Erlernen eines autosuggestiven Verfahrens sind zu ungünstig, als daß Sie berechtigte Hoffnung auf einen Trainingserfolg haben könnten. Günstigere Entspannungsverfahren sind momentan Biofeedback oder Tiefmuskel-Entspannungstraining. Nach entsprechender Vorbereitung können auch Sie das autogene Training erlernen.

Ab 5 Punkte:
Sie sind grundsätzlich für autogenes Training geeignet. Sie sollten jedoch damit rechnen, daß Sie bis zur Beherrschung des Verfahrens etwas länger brauchen werden als der Durchschnitt. Das wichtigste ist für Sie das regelmäßige Üben. Unwichtig ist in den ersten Wochen, ob die angezielten Empfindungen eintreten.

Ab 10 Punkte:
Sie sind für das autogene Training voll geeignet. Konzentrationsschwierigkeiten wird es bei Ihnen zwar geben; diese werden Ihren Trainingsfortschritt jedoch nicht stärker als bei anderen bremsen.

Über 15 Punkte:
Sie sind für das autogene Training voll geeignet. Sie werden rasche Fortschritte machen und gehören zu denjenigen, die sofort gut mit den Übungen zurechtkommen.

Notwendiger Übungseinsatz

Trainingsphase

Wir unterscheiden eine Trainings- und eine Anwendungsphase. In der Trainingsphase geht es um das Erlernen und »Einschleifen« der Übungen und noch nicht um die Anwendung in konkreten, belastenden Situationen. Das Ziel ist natürlich, später in allen anspannenden Situationen autogenes Training mit Erfolg anwenden zu können.

Bevor das Ziel erreicht werden kann, muß jedoch der Weg zum Ziel zurückgelegt werden. Diese elementare Gesetzmäßigkeit vergessen oder mißachten manche Anfänger im autogenen Training. Sie stellen sich vor, Entspannung erzwingen zu können, und sind enttäuscht und ärgerlich, wenn dies nicht nach der ersten Übungsstunde gelingt. Ein solches Vorgehen führt mit Sicherheit zum baldigen Aufgeben des Trainings. Der Betreffende erlebt einen Mißerfolg und wird wahrscheinlich in seiner Umgebung verbreiten, daß autogenes Training nichts wert sei und er seinen Streß nicht einfach wegreden könne. So sagte jemand: »Ich habe mir ja solche Mühe gegeben, aber ich merke keine Erfolge. Mir kann keiner helfen. Ich muß schon so weiter krebsen wie bisher. Wie lange ich das in der Firma noch aushalte, kann ich allerdings nicht sagen.« Auf Nachfragen ergab sich, daß der Betreffende dreimal versucht hatte, sich mit den Übungen zu befassen, und dann bereits aufgegeben hatte.

Sie können aus dieser Äußerung zumindest zwei Schlüsse ziehen:

1. Sie sollten sich nicht darauf verlassen, daß andere Ihnen „aus der Patsche" helfen; dies führt zu einer passiven Empfängerhaltung. Sie können selbst aktiv etwas tun; dies führt zur aktiven Selbstverantwortung und Selbststeuerung.

2. Entspannung erzwingen zu wollen, wäre ein Widerspruch in sich, weil es unmöglich ist, durch zusätzliche Anspannung im selben Moment Entspannung zu erreichen. Sie brauchen also eine Entlastung vom bisher gewohnten Leistungs- und Erfolgsdruck.

Diese Entlastung erreichen Sie im autogenen Training durch die Trennung von Übungs- und Anwendungsphase. In der Übungsphase geht es einzig und allein um die Durchführung der Übungen. Versuchen Sie, soweit es Ihnen gelingt, sich jeweils für einige Minuten auf die Formeln einzustellen. Dies wird zu Anfang nur ansatzweise gelingen. Zur Trainingserleichterung werden im nächsten Kapitel weitere Hinweise gegeben. In der ersten Woche können Sie mit größeren Konzentrationsschwierigkeiten rechnen. Dies ist zu erwarten, weil fast alle, die mit dem Training beginnen, bereits vorher unter Konzentrationsmangel gelitten haben. Wieso sollte diese Schwäche verschwunden sein, wenn Sie gerade mit dem autogenen Training begonnen haben? Sie müssen also mit dem vorübergehenden Weiterbestehen aller bisher vorhandenen Beschwerden rechnen. Für die Konzentrationsschwierigkeiten bedeutet dies: Wenn Sie sich auf die Formeln einstellen, gelingt Ihnen das zu Anfang wahrscheinlich nur einige Sekunden lang, ehe Sie zu einem anderen Thema abschweifen. Sobald Sie dies bemerken, kehren Sie zur Übung zurück und freuen sich über die Übungssekunden, die sich nach einigen Wiederholungen zu Minuten zusammenfügen. Sie können sich beglückwünschen, wenn es Ihnen gelingt, von 5 Minuten Übungszeit etwa 2 Minuten beim Thema autogenes Training zu bleiben. Sollten Sie es nur 1 Minute lang geschafft haben, ist dies auch in Ordnung. Durch wiederholtes Üben erreichen Sie eine längere Konzentrationsdauer.

Sie haben dem Gesagten sicher schon entnommen, daß Sie von nun an möglichst oft üben sollen. Drei Übungen täglich stellen dabei die Minimalanforderung dar; zehn Übungen täglich sind günstiger, etwa 15 Übungen täglich sollen die obere Grenze darstellen. Diese Begrenzung schlage ich vor, damit Sie nicht der Versuchung erliegen, durch zu häufiges Üben in neuen

Streß zu geraten. Davon abgesehen gibt es keinen Grund, die Übungshäufigkeit nach oben hin zu begrenzen.

Drei Übungen sollten Sie von nun an fest in Ihren Tagesplan eingliedern. Überlegen Sie sich, wo sie am besten einzuordnen sind. Am Morgen empfiehlt sich die Zeit nach dem Aufwachen bzw. vor oder nach dem Waschen. Vielleicht ist Ihnen die Zeit vor dem Frühstück oder nach dem Frühstück angenehmer. Wählen Sie einen Zeitpunkt am Morgen und bleiben Sie für die nächste Zeit bei diesem Termin. Am Mittag wählen Sie auch einen festen Zeitpunkt, am besten vor dem Essen. Am Abend empfiehlt sich der Zeitpunkt des Zubettgehens oder Ruhenwollens.

Die Trainingsgesetzmäßigkeit ist sinnvoll, denn damit spielt sich ein Trainingsrhythmus ein. Um den Rhythmus zu gewährleisten, ist es bei morgendlichem Zeitdruck günstiger, ein paar Minuten früher aufzustehen. Dieses Vorgehen hat gezieltere Trainingsfortschritte zur Folge. Außerdem haben feste Termine den Vorteil, daß man sich eher an sie erinnert als an wechselnde Termine; sie haben einen höheren Aufforderungscharakter.

Ich schlage Ihnen vor, sich jeweils 2 – 10 Minuten mit den Entspannungsübungen zu befassen, der Mittelwert wird sich zwischen 4 und 5 Minuten einpendeln.

Über die drei regelmäßigen Übungsperioden hinaus sollten Sie möglichst viele Gelegenheiten im Tagesablauf für autogenes Training verwerten. Sie können jede Gelegenheit benutzen, bei der Sie sich nicht auf ein anderes Thema konzentrieren müssen. Eine Klientin berichtet: »Es gelingt mir auch beim Warten auf ein Verkehrsmittel oder unterwegs im Bus oder auch beim Friseur unter der Trockenhaube kurze AT-Entspannungsübungen zu machen.«

In der Anfangsphase ist es vollkommen unwichtig, ob sich die Schwere- oder Wärmeempfindung einstellt. Wichtig ist lediglich, die Übung durchzuführen. Sie sammeln auf diese Weise Trainingspunkte, die sich zu Entspannungsfortschritten summieren. Nutzen Sie Wartesituationen, in denen Sie sich bisher innerlich erregt haben, für Entspannungsübungen. Nutzen Sie auch einen Spaziergang, eine Gesprächspause oder die Abwaschzeit für Entspannungsübungen. Sie brauchen dazu keine besondere Körperhaltung einzunehmen. Bleiben Sie in der Haltung, in der Sie sich gerade befinden, und versuchen Sie lediglich, die Muskeln etwas mehr zu lockern.

Wenn die jeweilige Situation es erlaubt, eine der im nächsten Kapitel beschriebenen speziellen Haltungen einzunehmen, sollten Sie dies tun. Es ist jedoch vorteilhaft, wenn Sie sich nicht nur auf eine Haltung festlegen, weil Sie ja später das Gelernte in den unterschiedlichsten Haltungen und Situationen anwenden wollen.

Im Moment sind wir jedoch noch in der Übungsphase. Diese ist für die einzelnen Trainingsteile unterschiedlich lang. Für Schwere oder Wärme dauert es etwa drei Tage, bis Sie etwas empfinden; nach etwa einer Woche können Sie in einer ruhigen Situation die Schwere- oder Wärmeempfindung gezielt hervorrufen, nach einer weiteren Woche schaffen Sie dies auch in einer relativ belastenden Situation.

Ich gebe Ihnen hier Mittelwerte, die nach regelmäßigem Üben erreicht werden. Regelmäßiges Üben definieren wir mit wenigstens drei Übungsperioden pro Tag.

Wenn Sie weniger üben, brauchen Sie wesentlich länger und es besteht dann die Gefahr, daß Sie wegen der mangelnden Erfolge bald aufgeben. Bei regelmäßigem Üben sind Sie nach rund zwei Monaten so weit, daß Sie das gesamte Training beherrschen.

Wem dies lang erscheint, der möchte sich klarmachen, daß nur wenige Monate benötigt werden, um Beschwerden lindern und beseitigen zu können, unter denen Sie schon lange Zeit gelitten und denen gegenüber Sie sich bisher ohnmächtig gefühlt haben.

Anwendungsphase

Nach einigen Wochen konsequenter, regelmäßiger Übung haben Sie es geschafft: Sie können sich zu jeder Zeit und Gelegenheit auf die Übungen einstellen, es gelingt Ihnen bereits, in der Mehrzahl der früher belastenden Situationen zu innerer Entspannung, Ruhe und Gelassenheit zu kommen.

Von nun an ist nur noch ein Aufrechterhaltungstraining notwendig. Zu Trainingszwecken genügt bereits ein zweimaliges Üben pro Woche. Wenn Sie eine Vorliebe für bestimmte Übungen entwickeln, so ist dagegen nichts einzuwenden.

Über das Trainieren hinaus sollen Sie von nun an das Gelernte konkret anwenden. Sobald Sie merken, daß sich irgendwo in Ihnen Spannungen einschleichen wollen, stellen Sie sich kurz auf eine Entspannungsübung ein. Sie können dabei gezielt das Gebiet ansprechen, in dem Sie Spannungen verspüren. Kopfschmerzen sprechen am ehesten auf die Stirnübung an, Schlafstörungen auf die Schwere- und Wärmeübung. Hierzu finden Sie in den einzelnen Seminarstunden noch weitere Erläuterungen.

Sie können natürlich nicht erwarten, durch Anwendung des autogenen Trainings von einer hochgradigen Erregung unvermittelt in Schläfrigkeit zu verfallen. Schläfrig werden Sie, wenn Sie bereits etwas entspannt sind und sich noch weiter entspannen. Von der hochgradigen Erregung führt die Anwendung des autogenen Trainings zu einer gewissen Besonnenheit, d. h., es kommen jeweils Gradunterschiede zustande. Das autogene Training ist kein Verfahren, das Sie zwischen Extremen hin- und herpendeln läßt. Es führt schrittweise zur Gesamtentspannung und Gelassenheit. Dieser Prozeß schreitet nach Erreichen der Anwendungsphase noch weiter fort.

Ein Büroangestellter schreibt zwei Monate nach Trainingsbeginn: »Es ist mir noch nicht möglich, mich in meinem Büro, das ich mit mehreren Kollegen teile, zu konzentrieren. Folglich ist die Anwendung nur zu Hause möglich. Dort gelingt mir die Entspannung des Körpers im Sitzen auf Anhieb, in 2 – 3 Minuten bin ich eingeschlafen und erwache von selbst und erfrischt nach 15 – 30 Minuten. Das gleiche gelingt mir auch am Abend, wenn ich mich zur Ruhe begebe.«

Ein Polizist schreibt nach drei Monaten Übungszeit: »Nach dem Training bemerke ich besondere Entspannung, Gelassenheit und innere Ruhe, was zum Durchstehen meiner häufigen Nachtdienste sehr nötig ist.«

Ein Reisender berichtet nach einem halben Jahr: „Bei längeren Autofahrten habe ich in den Pausen das autogene Training aufgenommen und besonders durch die Schwereübung die zum Autofahren erforderliche Frische schnell wiedererlangt.«

An anderer Stelle heißt es: »Ich bin toleranter geworden, was meine Umgebung dankbar aufnimmt.«

Ein Technischer Zeichner schreibt nach einem Jahr: „In Zeiten großer Belastung führe ich die Übungen mehrmals am Tag durch. Dadurch ist es mir möglich, die innere Ruhe und Gelassenheit zu bewahren. Vieles ist dadurch leichter geworden. Auf Grund meiner guten Erfahrungen, die auch nach außen sichtbar werden, haben einige Kollegen ebenfalls mit dem AT begonnen beziehungsweise Kurse besucht. Gewiß kann das AT keine Arthrose der Kniegelenke beseitigen, mit Sicherheit kann es jedoch die ‚Seelenarthrose' verhindern.“

Die Beispiele lassen sich für alle Anwendungsbereiche beliebig fortsetzen. Ein Diplomingenieur faßte seine Erfahrungen mit dem autogenen Training in Versform. Er formulierte unter anderem:

»Dies alles wird ihm nicht geschenkt.
Doch einmal auf das Ziel gelenkt,
Trainiert der Mensch mit großem Fleiß,
Weil er um jene Wirkung weiß,
Die autogenes Training schafft:
Gelöst zu sein durch eigne Kraft.

Gelassen sieht er nun die Welt,
nicht mehr schockiert, wenn sie mißfällt.
Probleme bleiben – auch der Kampf.
Doch konzentriert und ohne Krampf
trägt leichter sich des Tages Last!
Dies hat nun unser Mensch erfaßt.«[*]

[*] K.–H. KRUSE: Autogenes Training – im Herzrhythmus zu lesen (unveröff., 1977)

Trainingserleichterungen

Günstige Übungshaltungen

Das autogene Training wird zu Übungszwecken in bestimmten Haltungen durchgeführt. Sollten Sie mitunter keine Gelegenheit haben, eine der im folgenden beschriebenen Haltungen einzunehmen, üben Sie in der Haltung, in der Sie gerade sind. In der Anwendungsphase ist es nicht mehr nötig, bestimmte Haltungen einzunehmen. Allerdings werden die Entspannungsempfindungen in einer speziellen Übungshaltung immer intensiver sein als etwa im Stehen oder Gehen. Die Übungshaltungen sind nämlich so konzipiert, daß von der Haltung her bereits ein Optimum an muskulärer und kreislaufmäßiger Entspannung gewährleistet ist.

Ich schlage Ihnen vor, die einzelnen Haltungen jetzt auszuprobieren. Erproben Sie, welche Ihnen am angenehmsten ist.

Setzen Sie sich auf einen Stuhl oder in einen Sessel mit dem Gesäß weit nach hinten. Nehmen Sie dann eine aufrechte Oberkörperhaltung ein, so daß der Rücken Kontakt mit der Rückenlehne hat. Die Beine stehen senkrecht nebeneinander oder sind leicht ausgestreckt (Abb. 4). Lassen Sie die Arme locker auf die Oberschenkel fallen. Lösen Sie jetzt die Muskelspannung in Ihrer Halsmuskulatur; dadurch sinkt der Kopf etwas nach vorn. Senken Sie den Kopf so weit, bis Sie keine Muskelspannungen mehr zum Hochhalten des Kopfes benötigen.

Diese Haltung läßt sich durch Anlehnen des Kopfes an eine Kopfstütze abwandeln. Besonders günstig ist hierzu ein Ohrensessel mit möglichst gerader Rückenlehne. Auch auf einem beliebigen Stuhl läßt sich diese Haltung einnehmen. Setzen Sie sich dazu mit dem Stuhl nahe an eine Wand, legen Sie sich eine Nackenrolle, ein Kissen oder etwas Ähnliches in den Nacken und lehnen Sie den Kopf an (Abb. 5).

Abb. 4

Abb. 5

51

In bequemen, flachen Sesseln kann eine halb liegende Haltung eingenommen werden. Der Kopf liegt hinten auf, die Arme liegen locker neben dem Körper, die Beine können ausgestreckt werden. Achten Sie in dieser Haltung darauf, daß das Kreuz Halt hat und keine »Brückenfunktion« übernimmt.

Bei der eigentlichen Liegehaltung liegen Sie flach auf dem Rükken, die Arme liegen locker neben dem Körper, der Kopf liegt entweder mit oder ohne Nackenrollenabstützung auf der Unterlage (Abb. 6).

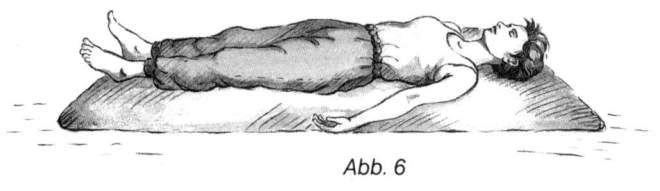

Abb. 6

Klienten mit Wirbelsäulenbeschwerden sollten eine der bisher erklärten Übungshaltungen einnehmen. Klienten, die in diesem Bereich keine Beschwerden kennen, können auch die folgenden Sitzhaltungen einnehmen:
Setzen Sie sich dazu mit dem Gesäß in die Mitte eines Schemels oder Stuhls, machen Sie ein rundes Kreuz und lassen Sie dabei den Kopf nach vorn fallen. Die Arme liegen locker auf den Oberschenkeln.

Für die letzte Haltung setzen Sie sich in die Mitte oder auf das vordere Drittel Ihres Stuhles oder Schemels und nehmen zunächst eine aufrechte Oberkörperhaltung ein. Die Beine stehen rechtwinklig oder sind ausgestreckt. Heben Sie dann die Rücken-

Abb. 7

spannung auf. Sie sacken dabei in sich zusammen, Schultern und Kopf fallen nach vorn, die Arme bleiben auf den Oberschenkeln liegen oder hängen locker herunter (Abb. 7).

Manche AT-Neulinge befürchten, sich bei ihren Mitmenschen lächerlich zu machen, wenn sie eine der Übungshaltungen einnehmen. Solange Sie sich von dieser Befürchtung nicht freigemacht haben, führen Sie die Übungen bei Anwesenheit anderer in einer Ihnen gewohnten Haltung durch. Sie werden bald feststellen, daß Ihre Mitmenschen vollstes Verständnis für Ihre Übungen haben, auch wenn Sie das Training in einer der hier vorgeschlagenen Haltungen durchführen.

Am besten gelingen Ihnen die Übungen beim gemeinsamen Trainieren in einer Gruppe. Das Gemeinschaftsgefühl und das Bewußtsein, sich um das gleiche Ziel zu bemühen, ist für den Trainingsfortschritt besonders förderlich.

Zum Abschluß der Übungen soll wieder eine muskuläre Aktivität hervorgerufen werden. Ballen Sie dazu die Hände zu Fäusten und ziehen Sie die Arme ruckartig zum Körper hin. Schlagen Sie dann die Arme einmal oder mehrmals ruckartig vom Körper weg. Öffnen Sie die Augen und atmen Sie einmal tief durch. Dieses *Zurücknehmen* hat auch einen erfrischenden Effekt.

Neben der Körperhaltung erleichtert auch eine entspannte innere Haltung und Einstellung die Trainingsfortschritte. In fast allen Fällen kann die gelassene innere Haltung nicht vorausgesetzt werden, sondern muß im Training erworben werden. Sie können jedoch die äußeren Gegebenheiten so gestalten, daß sie zu Ihrer inneren Ruhe beitragen. Sie können zu Übungszwecken einen Raum aufsuchen, in dem Sie nicht gestört werden. Wer keine andere Möglichkeit findet, weicht notfalls auf die Toilette aus. Sie können beengende Kleidungsstücke lockern oder bequemere anziehen bzw. die Schuhe ausziehen.

Von Tonkonserven zum autogenen Training halte ich nichts. Sie widersprechen dem selbstsuggestiven Vorgehen und führen nicht zu dauerhaften Erfolgen. Wer meint, ohne eine vorgesprochene Anleitung nicht auszukommen, befaßt sich besser mit dem Tiefmuskel-Entspannungstraining, auf das im „Vergleich mit anderen Entspannungsverfahren" (S. 22 – 24) und im „Fragebogen zur Eignung" (S. 42 – 43) eingegangen wurde.

Bildhafte Unterstützung

Es hat sich als vorteilhaft erwiesen, die Augen locker zu schließen, ohne sie zuzukneifen, wenn man die Übungen durchführt. Mit geschlossenen Augen ist Ihnen die ganze Bilderwelt der Phantasie offen. Sie können dabei Ihre eigenen Phantasiebilder und Ihre Vorstellungskraft zur bildhaften Unterstützung des autogenen Trainings einsetzen. Sie können sich die einzelnen Übungen veranschaulichen, indem Sie sich etwa Ihren Arm vorstellen, wie er gerade von der Sonne beschienen wird. Sie können sich auch die einzelnen Formeln auf ein Plakat geschrieben vorstellen.

Sollte Ihnen selbst eine kurzfristige Einstellung auf die Übungen nicht gelingen, können Sie mit der Einstellung auf ein »Standardbild« anfangen: Betrachten Sie mehrmals täglich ein beruhigendes Bild und stellen Sie sich jedesmal zu Beginn Ihres Trainings vorstellungsmäßig darauf ein. Durch Wiederholung prägt sich das Bild ein und wird schließlich stärker als ablenkende Störbilder. Ich schlage folgende Motive zur Auswahl vor: Wolken, Abendhimmel, untergehende Sonne, Meeresstrand, Wiese, Waldrand oder Blume. Das Standardbild soll für Sie angenehm sein und möglichst nicht intensive Erinnerungen wachrufen; ein Phantasiebild ist am besten geeignet. Legen Sie sich möglichst auf ein Bild fest und stellen Sie es sich immer wieder vor.

Ein Übender notiert nach einer Woche: »Meine anfängliche Skepsis gegenüber der Erfolgsmöglichkeit durch autogenes Training ist schnell einer positiven Einstellung gewichen. Bereits die ersten Wärmeübungen haben mich überzeugt – die zuvor trainierte ‚Schwere‘ gelang noch nicht zu meiner Zufriedenheit. Nunmehr kann ich den Erfolg beider Übungen sehr schnell feststellen. Ich unterstütze mich durch die Vorstellung von Bildern. Bei der Schwere-Übung trage ich – im Geiste – einen vollen Korb schöner Blumen und Früchte. Die Wärme-Übung gelingt mir mühelos durch das Bild: Ich stehe vor einem Kamin, sehe die hellen Flammen des offenen Feuers und höre die Buchenscheite prasseln und platzen.«

Andere Trainierende haben festgestellt, daß sie das Abschweifen der Gedanken verhindern, wenn sie die Übungsformeln ohne Unterbrechung weiterdenken. Einige finden eine rhythmische Betonung der Formeln hilfreich, wieder andere stellen sich auf eine wellenförmige Bewegung ein. Für die meisten hat sich eine monotone Wortfolge auf gleichmäßiger Tonhöhe bewährt. Störgeräusche, die Sie beim Üben behindern, können Sie durch angenehme Gegenvorstellungen entkräften. Wenn Sie z. B. ein vorbeifahrendes Auto stört, stellen Sie sich vor, Sie sitzen in diesem Auto und fahren geruhsam ins Blaue hinein.

Protokollbogen der AT-Übungen

Es hat sich als sehr hilfreich erwiesen, Erlebnis- und Übungs-
protokolle zu führen. Wie ein Erlebnisprotokoll aussehen kann,
zeigt Ihnen das folgende Beispiel:»Ich lege mich mit kühlem
Körper ins Bett, um mich zu entspannen. Ich spüre, wie sich
Spannungen im Gesicht lösen, die Unterkiefer fallen leicht
nach unten. Leichtes Einatmen. Bildfetzen gehen an mir vor-
bei. Ich stelle mich auf die Schwereübung ein. Bereits nach kurzer Zeit sind andere Bilder da, ruhigere Bilder. Mehrfach wie-
derhole ich langsam die Schwereformel, die Ablenkungen werden geringer. Sobald ich etwas Unruhe verspüre, konzentriere
ich mich auf die allgemeine Ruheformel. Ich bekomme nach
einiger Zeit das Gefühl völligen Fallenlassens und spüre die
Schwere wie Blei; es ist angenehm.«
Versuchen Sie, Ihre Trainingserlebnisse und -schwierigkeiten
schriftlich festzuhalten. Beim Durchlesen Ihrer Notizen fällt
Ihnen vielleicht auf, was Sie anders oder intensiver machen sollten. Im eben zitierten Beispiel sehen Sie, daß die mehrfache
langsame Wiederholung der Schwereformel weiterführt.
Mit dem folgenden Diagramm (S. 58) haben Sie eine zusätzliche Möglichkeit, Ihr Training schriftlich zu begleiten. Ich
schlage Ihnen vor, Ihre jeweiligen Übungen mit einem Zeichen
im Diagramm festzuhalten. Wenn Sie Montag morgens Ihre
Übungen wie besprochen durchgeführt haben, können Sie ein
Ausrufezeichen oben in den ersten Kasten eintragen. Dabei ist
nicht entscheidend, ob Sie eine der angestrebten Empfindungen
gespürt haben. Ist es Ihnen am Montagmittag oder -nachmittag
nicht gelungen, die Übungen wie besprochen durchzuführen,
oder sollten Sie unzufrieden sein, weil Ihnen die Einstellung
auf die Übungen früher bereits besser gelungen war, tragen Sie
in der Mitte des ersten Kastens ein Fragezeichen ein. Sollten
Sie wider Erwarten die Übungen am Abend nicht durchgeführt
haben, tragen Sie unten im ersten Kasten ein Minuszeichen ein.
Im Diagramm finden sie noch ein weiteres Beispiel.
In der Spalte »Übungshäufigkeit und Empfindungen« können
Sie zum Schluß der jeweiligen Woche Ihr Training beurteilen.

In der ersten Spalte könnte folgendes stehen: Fast regelmäßig geübt. Seit Mitte der Woche ein Prickeln im Unterarm.

In der letzten Spalte können Sie die auf das autogene Training und die auf andere Bereiche bezogenen Vorsätze für die kommende Woche notieren. Dort könnte etwa stehen: AT konsequent weiterüben. Mit N das bisher gemiedene Problem X besprechen.

Es ist ratsam, das Protokollblatt zu kopieren und ständig mit sich zu führen.

Protokoll der AT-Übungen

Tragen Sie in dieses Diagramm jeweils ein Ausrufezeichen (!) ein, wenn Sie die Übungen wie besprochen durchgeführt haben.
Tragen Sie ein Fragezeichen (?) ein, wenn Sie mit Ihrer Übung nicht zufrieden waren. Tragen Sie ein Minuszeichen (—) ein, wenn Sie zu einer Tageszeit nicht geübt haben.

		Mo.	Di.	Mi.	Do.	Fr.	Sa.	So.	Übungshäufigkeit und Empfindungen (Beurteilung)	Vorsätze für die komm. Woche (hinsichtlich AT o. anderer Bereiche)
1. Woche	morgens mittags abends	Beisp. !??? ?!!								
2. Woche	morgens mittags abends									
3. Woche	morgens mittags abends									
4. Woche	morgens mittags abends									
5. Woche	morgens mittags abends									
6. Woche	morgens mittags abends									
7. Woche	morgens mittags abends									
8. Woche	morgens mittags abends									
9. Woche	morgens mittags abends									
10. Woche	morgens mittags abends									

ab 11. Woche 1x tgl.
ab 15. Woche 1x wöchentl.

Übungsteil

1. Seminarstunde: Schwere

Psychosomatik der Muskeln

In der Psychosomatik werden die Wechselbeziehungen von Psyche und Körper betrachtet. Es handelt sich hierbei um die Wechselbeziehungen von Gefühlen, Empfindungen, Erleben und Verhalten auf der einen Seite und von Körpervorgängen auf der anderen Seite. Sie alle kennen solche Zusammenhänge; allerdings werden Sie sich nicht besonders gern daran erinnern, denn die entsprechenden Empfindungen sind meist unangenehmer Art. Wer ist nicht schon einmal errötet, wenn er bei einer Unwahrhaftigkeit ertappt wurde, und wer kennt nicht das Gefühl, daß die Beine wacklig werden, wenn er auf dem Wege zum verärgerten Vorgesetzten ist.

Sie sehen an diesen beiden Beispielen den Einfluß von Empfindungen auf Körpervorgänge. Im ersten Fall war es wahrscheinlich Schamgefühl und im zweiten Fall Ohnmachtsgefühl, das die Durchblutungsänderung bzw. die Muskelspannungsveränderung hervorrief. Es handelt sich in beiden Fällen um unwillkürliche Vorgänge, die eintreten, ohne daß die Betreffenden dies wollen; sie treten sogar gegen ihren Willen ein.

Die wechselseitige Beeinflußbarkeit ist jedoch nicht an allen Körperstellen von gleicher Art. Arm-, Schulter- und Beinbewegungen sind willkürliche muskuläre Aktivitäten. Je zentraler jedoch die Organe im Körper liegen, desto weniger unterliegen sie einem willkürlichen muskulären Einfluß. Das gilt auch für die Nahrungsaufnahme, die Verdauung und die Ausscheidung. Mund und Rachen sind muskulär-willkürlich zu beeinflussen, ebenso Mastdarm und After. Die dazwischenliegenden Abschnitte des Verdauungstraktes hingegen sind muskulärwillkürlich nicht zu beeinflussen.

Sowohl im Bereich der willkürlichen als auch im Bereich der unwillkürlichen Muskulatur kann es zu psychosomatischen Störungen kommen. So sind bei Schulterverspannungen die Emotionen beteiligt; Ekelgefühle lösen Mißempfindungen im Magen oder Erbrechen aus. Es gibt unwillkürliche Muskelverkrampfungen in der Speiseröhre, im Magen und im Darm. Die geschwürige Dickdarmentzündung ist in der Hauptsache eine unwillkürliche Verkrampfungsfolge.

Die Ringmuskeln des Afters sind willkürlich und unwillkürlich zu beeinflussen. Willkürliche Verzögerung oder Beschleunigungsversuche des Stuhlgangs führen zu Unregelmäßigkeiten in Form von Verstopfung oder Durchfall. Die gleichen Erscheinungen stellen sich ein, wenn die Analfunktion tabuisiert wird. Sozio-kulturelle Forderungen wie bestimmte Essenszeiten, -häufigkeiten oder -mengen bewirken, daß sich die Körpervorgänge in unnatürlicher und ungesunder Weise anpassen.

Im autogenen Training können wir lernen, unwillkürlich sich vollziehende Prozesse willentlich zu beeinflussen. Wir erlernen die Kontrolle über die unwillkürlichen Abläufe und können später Spannungsänderungen gezielt herbeiführen. Zwar ist es grundsätzlich möglich, autosuggestiv auch Verspannungen zu erlernen; da dies jedoch nicht sinnvoll ist, werden wir nur von Entspannung sprechen.

Die Entspannung ist nicht durch einen rein geistigen »Befehl« zu erreichen. Die Autosuggestion spielt sich hauptsächlich im Bereich der Empfindungen ab, und auf dieser Ebene wollen wir Entspannung erlernen.

Sie brauchen sich nicht den Befehl zur Muskelentspannung zu geben, sondern konzentrieren sich auf das korrespondierende Gefühl, nämlich auf das Schweregefühl. Wenn Sie ein angenehmes Gefühl der Schwere erleben, fühlen Sie sich müde und schläfrig. Die Schwereübung wird deshalb gern zur **Schlafförderung** eingesetzt. Sie sollten sich jedoch dabei nicht auf das Schlafen konzentrieren, sondern auf die Schwereübung. Sobald Sie an das Schlafen denken, verhindern Sie das Einschlafen. Formeln wie »Ich will jetzt schlafen, ich will jetzt schlafen!« werden Sie wacher anstatt müder machen. Wenn Sie den Schlaf herbeizwingen wollen, verhindern Sie ihn. Darüber hinaus betreiben Sie bei bewußten Schlafförderungsversuchen eine ständige Wachkontrolle. Sie fragen sich immer wieder: »Schlafe ich denn schon?«, und jedesmal müssen Sie diese Frage verneinen. Sie können überhaupt nicht zu dem Punkt kommen, an dem Sie diese Frage bewußt bejahen können, denn wenn es soweit ist, schlafen Sie bereits.

Versuchen Sie also ohne Nebengedanken an das Einschlafen-Wollen die Schwereübung durchzuführen. Dies wird Ihnen sowohl bei gesundem als auch bei nervösem Schlafrhythmus eine Hilfe sein.

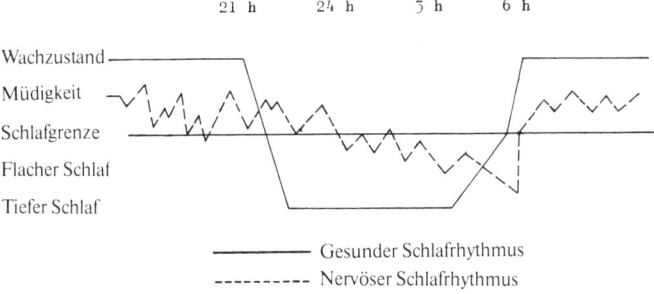

Abb. 8: Schematische Darstellung von Schlafrhythmen

Wie Sie der Abb. 8 entnehmen können, ist autogenes Training zur Schlafförderung bei Menschen mit nervösem Schlafrhythmus besonders sinnvoll. Diese Menschen sind zwar müde, jedoch nicht wohlig müde. Sie fühlen sich zerschlagen und können nicht zur Ruhe finden. Sie kommen des öfteren an die Schlafgrenze, es gibt auch kurze Schlafperioden, sie schrecken jedoch bald wieder auf.

Durch autogenes Training können Sie lernen, die Entspannungsvoraussetzungen zu schaffen, die es erlauben, in den Schlaf hineinzugleiten. Nehmen Sie außerdem auf die äußeren Gegebenheiten so weit wie möglich Einfluß! Das Zimmer sollte nicht zu hell und nicht zu laut sein, die Farben im Raum sollten gedämpft sein, die Lage im Bett sollte bequem sein, die Uhrzeit sollte nicht vorgeschritten sein, Probleme sollten Sie nicht belasten.

Probleme können einem wirklich den Schlaf rauben. Wer häufig durch Probleme am Schlafen gehindert wird, sollte sich eine Strategie zu ihrer Lösung zurechtlegen. Probleme, die innerhalb einer Stunde zu lösen sind, sollten Sie sofort angehen und nicht ein bis zwei Stunden vor sich herwälzen. Ist eine sofortige Lösung nicht möglich, könnten Sie sich einen aufgeblasenen Luftballon vorstellen, in den Sie in Bild- oder Schriftform Ihre Probleme hineinpacken. Wenn der Ballon mit Problemen gefüllt ist, öffnen Sie das Luftventil und lassen langsam die Luft ausströmen. Sie beobachten dabei, wie die Probleme immer mehr zusammenschrumpfen. Manchen hilft es, wenn sie die Probleme kurz notieren; legen Sie zu diesem Zweck Bleistift und Papier neben Ihr Bett! Um die Problembewältigung zu unterstützen, empfiehlt es sich, sofort oder am nächsten Tag ein Diagramm anzulegen, in das Sie die momentanen Belastungen eintragen, und dann fünf bis zehn Änderungsvorschläge notieren. Bei den Änderungsmöglichkeiten ist es zunächst unwichtig, ob diese durchführbar sind. Zum Beispiel:

Problem		Änderungsansätze
Die Doppelbe-		1. Beruf aufgeben
lastung durch	und/oder	2. Teilzeitbeschäftigung annehmen
Beruf und	und/oder	3. Partner einschalten
Familie macht	und/oder	4. Kinder einschalten
mich ganz	und/oder	5. Haushaltshilfe einstellen
fertig	und/oder	6. Andere Einteilung der Arbeit
	und/oder	7. Änderung von persönlichen Gewohnheiten
	und/oder	8. Hobby verstärken
	und/oder	9. Freunde besuchen
	und/oder	10. Mich bei jemandem aussprechen
Ich habe Angst,		1. Ich mache jetzt autogenes Training
den morgigen		
Vortrag nicht	und/oder	2. Ich mache vor dem Vortrag autogenes Training
gut zu schaffen		
	und/oder	3. Ich mache in Diskussionspausen autogenes Training
	und/oder	4. Ich lese jetzt noch einmal den Vortrag

und/oder	5.	Ich lese ihn morgen früh nochmals
und/oder	6.	Ich stehe morgen etwas früher auf
und/oder	7.	Überlegung: Bei welchen früheren Gelegenheiten war meine Angst unbegründet?
und/oder	8.	Vorsatz: Der Vortrag ist unwichtig, Ruhe ist wichtig

Abb. 9: Problem-Änderungs-Diagramm

Nachdem Sie die verschiedenen Ansatzpunkte zur Bewältigung eines Konfliktes notiert haben, entscheiden Sie sich für die Lösung, die momentan am leichtesten zu verwirklichen ist, und handeln sofort bzw. am nächsten Tag. Wer ganz gründlich sein möchte, streicht zunächst die unrealistischen Vorschläge, bringt dann eine Rangordnung in die Änderungsansätze hinein und nimmt sich dann die leichten und später die schwierigen Lösungsansätze vor.

Wenn Sie sich so Ihren Problemen stellen, können Sie diese schrittweise bewältigen. Ihr Ohnmachtsgefühl schwindet und Sie sind wieder frei für die Entspannung und für den Schlaf.

In vielen Fällen beruhen die Schlafstörungen ganz einfach auf einem falschen Schlaf-Wach-Rhythmus. Schlafgestörte sollten sich hüten, tagsüber zu schlafen, auch wenn sie noch so müde sind. Sie müssen ihren Schlafrhythmus wieder auf den Tag-Nacht-Rhythmus umstellen. Bemühen Sie sich tagsüber mehr um körperliche Aktivität und verfallen Sie nicht in den Fehler, abends das Einschlafen erzwingen zu wollen. Am günstigsten wäre es, wenn Sie Einschlafschwierigkeiten akzeptieren und dem Einschlafen gegenüber eine innere Gelassenheit entwikkeln könnten. Sie können dies durch die autogene Ruhe- und Schwereformel unterstützen.

Sollten diese Hilfen alle nicht zum gewünschten Erfolg führen, handelt es sich bei Ihnen wahrscheinlich um eine neurotische Angst vor dem Schlafen. Möglicherweise setzen Sie unbewußt Schlaf und Tod gleich und haben deswegen Angst vor dem Schlafen. In einem solchen Fall sollten Sie sich um psychotherapeutische Hilfe bemühen. Die Gesprächspsychotherapie erscheint mir hier als die geeignetste Therapieform, aber auch die analytische oder Verhaltenstherapie könnte hilfreich sein.

Das autogene Training wirkt einschlaffördernd, weil wir uns dabei gezielt entspannen. Die vollkommene Entspannung von Muskel-, Kreislauf- und Nervensystem können wir mit Schlaf gleichsetzen. Umgekehrt heißt dies, daß Schlaf ohne vollkommene Entspannung dieser Systeme nicht möglich ist. Die Empfindung, die bei intensiver Muskelentspannung auftritt, ist die der Schwere.

Stellen Sie sich bitte unter dem Begriff »Schwere« nichts Dramatisches vor. Jeder hat in irgendeiner Form dieses Gefühl schon erlebt, zum Beispiel einige Sekunden vor dem Einschlafen. Es ist ein Gefühl der Mattigkeit, des Sinkens, Schwebens oder Schwerespürens. Wenn Sie ähnliches noch nicht gespürt haben, können Sie sich trotzdem vorstellen, daß wir kein extremes Gefühl der Schwere erwarten; dies wäre auch mit unangenehmen Begleiterscheinungen verbunden.

Mit Hilfe des autogenen Trainings wollen wir lernen, normale Muskel-, Kreislauf- und Nervenregulationen herbeizuführen. Die erreichten Zustände sollen weder zu stark noch zu schwach sein; wir wollen einen Normalzustand erreichen. Das beste Regulativ ist, sich zu fragen, ob die jeweils erreichten Empfindungen angenehm sind.

Das Gefühl der Schwere wird besonders von denjenigen empfunden, bei denen zu Trainingsbeginn Muskelanspannungen vorliegen. Das Gefühl wird um so intensiver, je weiter Sie vorher vom Normalzustand, also vom Muskel-Entspanntheitszustand, entfernt sind. Wahrnehmen können Sie jeweils Zustandsänderungen; das Schweregefühl nehmen Sie nur dann wahr, wenn verspannte Muskelpartien sich lockern oder wenn bereits entspannte Muskeln sich noch etwas weiter lockern.

Schwereübung

Wenn Sie die Anfangskapitel gründlich gelesen haben, können Sie nun mit der ersten Übung anfangen.

Wir beginnen mit den motorisch und suggestiv am einfachsten zu beeinflussenden willkürlichen Bewegungsmuskeln und lernen, die Schwereempfindung zunächst im rechten Arm hervorzurufen. Dabei verwenden wir die autosuggestive Formel *Der rechte Arm ist ganz schwer.* Wir beginnen mit dem rechten Arm, weil dies bei Rechtshändern die meistgebrauchte und »bekannteste« Extremität ist. Linkshänder beginnen entsprechend mit dem linken Arm; für sie lautet die erste Formel *Der linke Arm ist ganz schwer.* Achten Sie bitte auf die Gegenwartsform *ist.* Wir benutzen bewußt diese Aussageform, weil sie eine besondere suggestive Wirkung hat und weil wir ständige Kontrollfragen vermeiden wollen. Bei Gebrauch der Zukunftsform würden Sie sich ständig fragen: Wird der Arm denn jetzt schwer? – Wird er immer noch nicht schwer? – Wann wird er denn schwer?

Auch bei Benutzung der Gegenwartsform stellt sich der Schwerezustand nicht sofort ein; die Kontrollgedanken treten jedoch weniger häufig auf, und Sie brauchen die Formel nicht zu ändern, sobald das Schweregefühl da ist. In den ersten Tagen ist es allerdings gleichgültig, ob Sie das Schweregefühl spüren. Normalerweise ist nicht sofort mit ihm zu rechnen; bei regelmäßigem Üben dauert es ungefähr eine Woche, ehe die ersten Schwereempfindungen eintreten. Dies ist bei einem *Training* auch nicht anders zu erwarten.

Nehmen Sie jetzt eine der Entspannungshaltungen ein. Kontrollieren Sie, ob sich in den Schultern noch Muskelverspannungen festhalten, und lockern Sie sich weiter. Senken Sie die Augenlider; am besten schließen Sie die Augen. Tun Sie dies aber nicht krampfhaft. Wenn Sie die Augen noch nicht schließen möchten, schauen Sie ruhig auf einen Punkt in etwa zwei Meter Entfernung oder betrachten Sie Ihren rechten Arm. Bei geschlossenen Augen empfiehlt sich die bildhafte Vorstellung des rechten Armes. Entwerfen Sie sich ein Bild Ihres rechten Armes vor Ihrem inneren Auge. Dies gelingt Ihnen am besten dadurch, daß Sie nachempfinden, wo der Arm aufliegt, wo Berührungsstellen mit dem Körper sind. Sie bekommen dadurch eine immer deutlichere Vorstellung und Empfindung Ihres rechten Armes. Wenn Sie Ihren rechten Arm ganz deutlich vor Augen haben und ihn fühlen, denken Sie für diesen Arm die Formel *Der rechte Arm ist ganz schwer*. Denken Sie mit kurzen Zwischenpausen immer wieder diese Formel *Der rechte Arm ist ganz schwer*. Wünschen Sie sich diesen Zustand *Der rechte Arm ist ganz schwer* und beobachten Sie, wie im Laufe der nächsten Tage dieser Zustand eintritt. Versuchen Sie, das Bild des rechten Armes festzuhalten, und denken Sie weiter *Der rechte Arm ist ganz schwer*. Zwischendurch denken Sie einmal die allgemeine Ruheformel *Ich bin ganz ruhig* und fahren dann fort mit der ersten Formel *Der rechte Arm ist ganz schwer*.

Hören Sie nach einigen Minuten mit der Übung auf.

Die Schwereempfindung soll tagsüber zurückgenommen werden: Ziehen Sie ruckartig die Arme zum Körper hin und strecken Sie dann die Arme einmal oder mehrmals ruckartig aus. Öffnen Sie die Augen und atmen Sie einmal ganz tief bis in den Bauch hinein ein und wieder aus.

Für das Zurücknehmen wird auch eine Formel benutzt. Sie lautet:

Arme fest –
Augen auf –
tief durchatmen.

Die Schwereempfindung wird tagsüber zurückgenommen, um die normale Spannkraft, die zur Bewegung des Körpers notwendig ist, in die Muskeln zurückzubringen.

Denken Sie stets daran, die Schwere zurückzunehmen, wenn Sie nach den Übungen wieder aktiv sein wollen. Eine Klientin mit niedrigem Blutdruck berichtete mir von einem Kreislaufkollaps, den sie bekam, als sie nach den im Liegen durchgeführten Übungen plötzlich aufstand, ohne die Schwereempfindung zurückzunehmen.

Im Zustand völliger Entspannung haben Sie überhaupt keine Lust, irgendeine Muskelpartie zu bewegen. In diesem Zustand können Sie so lange bleiben, wie es Ihnen Freude macht oder die Zeit es erlaubt. Sollten Sie nach den Übungen noch einige

Zeit ruhen oder einschlafen, brauchen Sie danach nicht unbedingt die Rücknahmeformel anzuwenden. Sollten Sie jedoch kurz nach Beendigung der Übungen wieder frisch sein und arbeiten wollen, nehmen Sie ruckartig die Muskelentspannung zurück.

Wir haben die Entspannung im autogenen Training mit dem Entspanntheitszustand im Schlaf verglichen. Sie sollten den Übergang vom tiefen autogenen Entspannungszustand zu anderen Tätigkeiten ähnlich gestalten wie den Übergang vom Schlafen zum Wachsein. Die meisten strecken und recken sich nach dem Erwachen zunächst und stehen dann erst auf. Das gleiche tun wir zum Schluß der Übungen, um die Spannkraft der Muskeln wiederherzustellen und um wieder frisch zu sein. Je kräftiger Sie die Arme anziehen und ausstrecken, um so frischer und erholter werden Sie sich nach den Übungen fühlen. Bei manchen Gelegenheiten, z.B. bei Besprechungen, ist es Ihnen vielleicht unangenehm, die Arme ruckartig anzuziehen und wieder auszustrecken. In solchen Fällen genügt es auch, die Armmuskeln anzuspannen, ohne die Arme besonders zu bewegen, und dabei tief durchzuatmen.

Beim Zurücknehmen vergegenwärtigen Sie sich bitte, daß Sie nur die Schwereempfindung und nichts anderes zurücknehmen wollen. Auch wenn Sie später mehrere Übungen hintereinander durchführen, stellen Sie sich immer darauf ein, nur das Schweregefühl, also die Muskelentspannung, zurückzunehmen. Alle anderen Entspannungszustände sollen so weit wie möglich bestehen bleiben. Mit der Zurücknahme der Muskelentspannung werden andere entspannte Systeme wieder teilweise in Anspannung versetzt; wir wollen diesen Prozeß jedoch nicht autosuggestiv unterstützen. Ein Maximum an Entspannung soll auch nach den Übungen bestehen bleiben. Ein Minimum an Anspannung soll zurückgeholt werden, um nicht gleichgültig, aber gelassen den anstehenden Aufgaben gerecht werden zu können.

Zurück zur Schwereübung: Für diejenigen unter Ihnen, die besonders schnell abschweifen, empfiehlt sich eine bildhafte Unterstützung der Übungsformeln. Sie können sich dabei die Formel als Plakat, das Sie vor sich halten, oder als Spruchband vorstellen. Sie können sich auch vorstellen, daß ein Gewicht auf Ihrem Arm lastet bzw. daß ein Blumenkorb an ihm hängt, der ihn sanft nach unten zieht. Oder stellen Sie sich eine bleierne Schwere vor, sofern Ihnen ein solches Bild angenehm ist. Sicher fallen Ihnen noch andere unterstützende Bilder ein. Von den verwendeten Bildern wird verlangt, daß sie Ihnen angenehm und nicht zu sehr mit Erinnerungen verknüpft sind. Aufsteigende Erinnerungen sind nämlich ein sicherer Weg, um von den Übungen abzuschweifen. Wie im Kapitel »Trainingserleichterungen« beschrieben, können Sie sich bei größeren Konzentrationsschwierigkeiten auch auf Phantasiebilder oder Standardbilder einstellen.

Sie arbeiten beim Erlernen des autogenen Trainings mit Vorstellungen, Konzentration, Autosuggestion und Willenskräften. Denken Sie stets daran, daß sich der Schwerezustand nicht über Kraftanstrengung oder Willensanspannung erreichen läßt. Durch solches Vorgehen würden Sie sogar die angestrebten Zustände verhindern. Stellen Sie sich auf Ruhe ein und übersetzen Sie Wille und Wollen mit Wunsch. Sie möchten Entspannung erreichen, also wünschen Sie sich diesen Zustand, und Sie werden erfahren, wie dieser im Laufe der nächsten Tage eintritt.

Ich möchte Sie an dieser Stelle daran erinnern, Ihre Erlebnisse, Empfindungen und Gedanken aufzuzeichnen. Versuchen Sie, diese in ein paar Worte zu fassen, und beschreiben Sie in Stichworten, was Sie während der Übungen erlebt haben. Welche Gedanken, Erlebnisse und Empfindungen stellten sich ein? Diese Aufzeichnungen gelingen Ihnen am besten, wenn Sie den Gefühlszustand vor bzw. nach den Übungen mit den Gefühlen während des Übens vergleichen.

Erlebnisbeschreibungen sind wichtig, um eventuelle Störungsstellen bei Ihrem Training aufzuspüren, die das Vorwärtskommen verhindern oder beeinträchtigen. Es könnten sich auch Fehler durch falsches Trainieren oder durch Mißverständnisse einschleichen. Solche Fehler führen leicht zu Mißempfindungen oder Fortschrittsbehinderungen. Einige Fehler können Sie sicher selbst erkennen, wenn Sie Ihre eigenen Erlebnisprotokolle aufmerksam durchlesen und verschiedene Protokolle miteinander vergleichen. Sollte Ihnen dies nicht gelingen, halten Sie bitte mit Ihrem Trainer Rücksprache oder wenden Sie sich an einen das autogene Training lehrenden Arzt, Psychologen oder Psychotherapeuten.

Benutzen Sie auch die Selbstkontrollmöglichkeit durch Führung eines Verhaltensprotokolls. Einen Formvorschlag hierzu finden Sie auf Seite 58. Der Erfahrung nach ist die Übungshäufigkeit und Übungskonsequenz bei Personen, die mit einem solchen Verhaltensdiagramm arbeiten, höher als bei anderen.

Erfolgskontrolle

Es ist nicht ganz einfach, jemandem das Schweregefühl zu beschreiben, der es noch nicht erlebt hat. Die Schwierigkeit liegt darin, daß kaum zwei Menschen dieselbe Vorstellung von Schwere haben und darüber hinaus die Gefühle, die auf die Muskelentspannung hinweisen, recht unterschiedlich sind. Sie können sicher sein, die Schwereübung zu beherrschen, wenn regelmäßig eine der folgenden Empfindungen eintritt: Der rechte Arm zieht nach unten; der Oberkörper, besonders die Schultern, ziehen nach rechts; der Arm scheint zu sinken oder höher zu liegen; der Arm scheint sich auszudehnen oder dicker zu werden; Schwere und Schlaffheit; Unwilligkeit, den Arm zu heben; eine der eben genannten Empfindungen scheint im linken Arm oder in den Beinen oder im ganzen Körper aufzutreten.

Zunächst machen sich diese Erscheinungen bei richtigem Trainieren im rechten Arm bemerkbar; meist beginnt das Gefühl in der Hand und dehnt sich in den folgenden Tagen auf Unterarm und Oberarm aus. Manche spüren die Muskelentspannung zunächst im Oberarm und später im Unterarm und in den Händen; auch dagegen ist nichts einzuwenden. Sollte im linken Arm die Schwere auftreten, kann das an Ihrer jetzigen oder früheren Linkshändigkeit liegen. Sie sollten sich in Zukunft auf den linken Arm konzentrieren. Wenn dann der rechte Arm reagiert, sollten Sie einmal überlegen, ob Sie die Entspannungsübungen als Leistungsaufgabe ansehen und **unbedingt** das zu erwarten de Gefühl im rechten Arm hervorrufen wollen. Sollte dies der Fall sein, dann gehen Sie, wie Sie es von anderen Situationen gewohnt sind, mit Anspannung und Verbissenheit an diese Aufgabe heran und verhindern dadurch natürlich das Schweregefühl.

Es ist nicht möglich, durch Anstrengung Entspannung zu erlernen, folglich können Sie auf diese Weise auch keine Schwere im rechten Arm empfinden. Da die Empfindungen jedoch eine Tendenz zur Generalisierung oder Ausbreitung haben, können Sie die Schwere oder ein der Schwere entsprechendes Gefühl im nichttrainierten Arm spüren. Verstehen Sie diese Erklärung als Hinweis, nicht mit Leistungsabsichten, sondern mit Ruhegedanken oder ruhegetönten Bildern an die Übungen heranzugehen.

Im Anfang wird es Ihnen nur kurzzeitig gelingen, eine der beschriebenen Empfindungen hervorzurufen, und anfangs brauchen Sie Ruhe in Ihrer Umgebung, um etwas zu spüren. Nach einigen Wochen können Sie die Empfindungen wesentlich länger und intensiver wahrnehmen, und die Übungen gelingen Ihnen auch inmitten einer früher unangenehmen Geräuschkulisse.

Die Messung der Muskelentspannung ist abgesehen von der Protokollierung der entsprechenden Empfindungen nur mit komplizierten Apparaten möglich. Bei der nachfolgenden Wärmeübung wird die Messung einfacher sein. Die Muskelentspannung bei der Schwereübung kann am einfachsten durch die Aufzeichnung der Muskelaktivitäten mit einem Elektromyographen (EMG) gezeigt werden (vgl. Abb. 10).

Frühere Muskelverletzungen können sich im EMG zeigen; sie können sich aber auch beim autogenen Training in Form von unangenehmem Ziehen oder Reißen in der entsprechenden Muskelpartie melden. Wenn dies auftritt, ist die zurückliegende Verletzung mit besonders unangenehmen Erinnerungen verbunden, und das Ereignis ist emotional noch nicht verkraftet. Am häufigsten tritt dies bei Kriegserlebnissen, Autounfällen und Sportverletzungen auf.

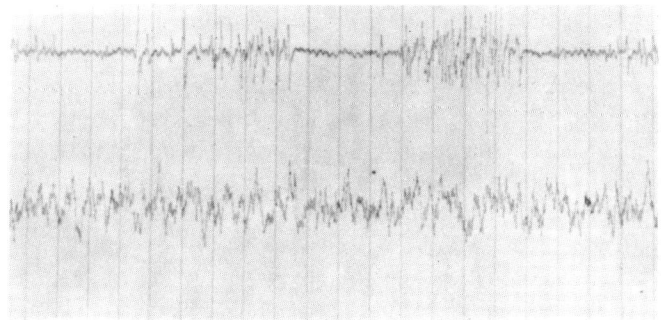

Abb. 10: EMG (Elektromyogramm, Muskelschrift). Je flacher die Kurve ist, desto entspannter ist die gemessene Muskelpartie

Ich erinnere mich an eine 40-jährige frühere Leistungssportlerin, die wegen einer Armverletzung den Leistungssport frühzeitig aufgeben mußte.

Sie bekam während der Schwereübung starke Zugschmerzen im rechten Arm. Sie konnte sich diese Mißempfindung nicht erklären. Erst bei dem Stichwort »Verletzung« kam ihr zum Bewußtsein, daß es sich um genau die Stelle handelte, die vor über 20 Jahren verletzt wurde. Ihr wurde wieder bewußt, wie stark sie damals unter dem Abbruch ihrer sportlichen Karriere gelitten hatte und daß ihr ganzes Selbstvertrauen ins Wanken geraten war. In diesem Fall handelte es sich um verdrängte Erlebnisse, die im autogenen Training in Organsprache wieder auftauchten. Sie spürte den verdrängten seelischen Schmerz in dem Arm, der auch damals betroffen war und den seelischen Schmerz hervorgerufen hatte.

Wir wollen eine bildhafte Darstellung versuchen: Oft werden bedrängende Erlebnisse in einen durch Hochspannung abgesicherten Käfig eingesperrt und nicht mehr herausgelassen. Die Hochspannung muß ständig gewährleistet sein, damit die unangenehmen Erinnerungen nicht wieder zum Vorschein kommen.

Durch ein solches Vorgehen ist es tatsächlich möglich, Probleme totzuschweigen.

Ist dies aber sinnvoll? Sicherlich nicht, denn bei dieser Technik benötigen Sie einen ungeheuren und immerwährenden Energienachschub, um die Hochspannung aufrechtzuerhalten. Sie verbrauchen für Ihren seelischen Käfig die Energien, die Sie in anderen Bereichen viel dringender benötigten. Es mangelt Ihnen an Abwehrenergien; Infektionskrankheiten und Organerkrankungen werden sich leicht einschleichen.

Bei der oben beschriebenen Klientin hatte sich seit dem Abbruch des Leistungssports eine krampfhaft vorgespielte Selbstsicherheit und ein psychovegetatives Syndrom ausgebildet; in den letzten Jahren war noch eine Herzerkrankung hinzugekommen.

Der Klientin wurden während des Seminars diese Zusammenhänge immer klarer. Sie lernte, sich selbst mit ihren Schwächen zu akzeptieren, sie holte die emotionale Verarbeitung der damaligen Kränkung ihrer Leistungsehre nach und übt jetzt regelmäßig autogenes Training, um die noch nicht vollständig aufgelösten inneren Verkrampfungen weiter und weiter zu lockern. Die schmerzhaften Erscheinungen im rechten Arm traten übrigens nach einigen Tagen nicht mehr auf. Auch in anderen Fällen verschwinden körperliche Mißempfindungen nach kurzer Zeit, wenn der in ein Organ abgedrängte seelische Schmerz von der Ganzheit Mensch wieder wahrgenommen und neu verarbeitet wird.

Für das autogene Training bedeutet auch ein Muskelschmerz eine positive Erfolgskontrolle; die schmerzhafte Empfindung sollte allerdings nach einigen Trainingstagen verschwinden. Sollte dies nicht der Fall sein, besprechen Sie Ihre Wahrnehmungen mit Ihrem Trainer.

Beobachten Sie während der Übungen Muskelzuckungen, so bedeutet dies, daß sich die jeweiligen Muskelpartien in einem starken Spannungszustand befinden, der sich auf diese Weise löst. Wenn diese Empfindungen unangenehm sind, können Sie vorübergehend eine abgeschwächte Schwereformel benützen: *Der rechte Arm ist etwas schwer.* Bei den Betroffenen kommt es auch vor dem Einschlafen zu ähnlichen Empfindungen; ebenso werden Sie in anderen Situationen, in denen Sie zur Ruhe kommen, ab und zu dieses Zucken spüren. Sollte dieser Zusammenhang mit Entspannungssituationen nicht bestehen, ist eine weitere Klärung anzustreben.

Sobald sich ein allgemein entspannterer Muskelzustand durch das Training eingestellt hat, wird im Normalfall das Zucken während der Übungen und in anderen Ruhesituationen nachlassen und schließlich verschwinden.

Manchmal kommt es nach den ersten Übungen zu spontanem Weinen. Werten Sie dies als positiven Hinweis auf eine sich lösende und in Tränen abfließende Überanspannung. Weinen nach autogenen Übungen wirkt befreiend, erlösend und entlastend. Es sollte so lange andauern, bis der »Überdruck« abgeflossen ist.

Zur Erinnerung: Um Ihre Übungen besser kontrollieren zu können, führen Sie bitte Buch über Ihre Empfindungen und bedienen Sie sich zusätzlich des Protokollbogens der eigenen AT-Übungen. Dieses Verhaltensdiagramm finden Sie auf Seite 58.

Anwendungsbereiche der Schwereübung

In den ersten Wochen befinden Sie sich in der Übungsphase, und Sie sollten möglichst nicht versuchen, die Übungen bereits in kritischen Situationen anzuwenden. Es ist zwar möglich, daß Sie frühzeitige Erfolge erzielen, und Sie sollten sich freuen, wenn Sie dies ohne direkte Zweckgesichtspunkte erleben. Das Vorhaben, Kopfschmerzen oder Schlafstörungen nach den ersten Übungen bereits angehen zu können, muß im Normalfall scheitern. Sie erleben dann das erste Mißerfolgserlebnis mit dem autogenen Training, was Ihre Trainingsmotivation mit Sicherheit beeinträchtigen wird.

Bleiben Sie zunächst bei den »Trockenübungen«. Ins Nasse können Sie springen, wenn Sie die Übungen im Trockenen beherrschen. Behalten Sie bis dahin das Ziel im Auge, bereiten Sie sich aber keine unnötigen Mißerfolgserlebnisse. Bedenken Sie, daß es sich beim autogenen Training um ein »Training« handelt, das heißt, es muß geübt werden. Auch zum Lesen- und Rechnenlernen haben Sie mehr als einen Tag gebraucht.

Nach der Übungsphase können Sie folgende Störungen mit der Schwereübung positiv beeinflussen:

Alle Muskelverspannungen können gelockert werden, zunächst im rechten Arm, später im ganzen Körper; Handzittern und Armzittern sind behebbar, später auch Verspannungszittern in anderen Körperbereichen; Migräne bessert sich vielfach bei Anwendung der Schwereübung; innere Unruhe und Beklemmungsgefühle werden durch die Schwereübung abgeschwächt; Weinen kann in der Übungsphase provoziert werden, verschwindet jedoch in der Anwendungsphase; die negativ empfundene Abgespanntheit wird geringer, Ruhe und Entspannung nehmen zu; Schlafstörungen lassen nach, zur Schlafförderung benötigen Sie keine äußeren Hilfsmittel mehr; dadurch kann Ihr Alkohol- und Tablettenkonsum sinken.

Verwenden Sie, entsprechend Ihrem Trainingsfortschritt, die folgenden Formeln:

Der rechte Arm ist ganz schwer oder *Der linke Arm ist ganz schwer* oder *Beide Arme sind ganz schwer* oder *Arme und Beine sind ganz schwer.* Sie können später auch Abkürzungen der Standardformeln benutzen: *Rechter Arm ganz schwer* oder *Linker Arm ganz schwer* oder *Beide Arme ganz schwer* oder *Arme und Beine ganz schwer* oder *Der ganze Körper ist ganz schwer* oder *Ganzer Körper ganz schwer.*

Bestimmte Abwandlungen sind auch möglich. Sollte das Schweregefühl später zu stark werden, könnten Sie die Formel *Arme und Beine sind etwas schwer* oder *Arme und Beine sind leicht* gebrauchen. Bei Beklemmungsgefühlen in der Kehle oder der Brust könnten Sie zusätzlich zur Schwereübung die Formel *Die Kehle ist ganz locker* oder *Die Brust ist ganz gelöst* anwenden. Zusätzliche Übungen versprechen jedoch nur Erfolg, wenn sie vorher genauso intensiv geübt wurden wie die Grundübungen. An zusätzliche Formeln werden einige Anforderungen gestellt. Wenn Ihnen weitere Formulierungen einfallen, sollten Sie diese im Zweifelsfall mit Ihrem Trainer besprechen.

Beschränken Sie sich bei der Schwereübung und bei den noch folgenden Übungen auf jeweils eine Formulierung und bleiben Sie bei der Formulierung, für die Sie sich entschieden haben. Das »Einschleifen« der Übungen verzögert sich unnötig durch wiederholtes Wechseln der Formel. Die ersten beiden Formeln müssen ohnehin zweimal erweitert werden, wenn Sie den linken Arm und dann die Beine in die Übung miteinbeziehen.

Auch mit Zusatzformeln sollten Sie sparsam sein. Im allgemeinen kommen Sie ganz ohne Zusatzübungen aus, weil die meisten Störungen durch die Standardübungen zu lindern oder zu beseitigen sind. Wenn Sie jedoch nicht darauf verzichten wollen, sollten Sie sich insgesamt auf ein bis zwei Zusatzformulierungen beschränken. Dieses Thema wird im letzten Teil des Buches nochmals aufgegriffen.

2. Seminarstunde: Wärme

Psychosomatik der Blutgefäße

Die vom Herzen wegführenden Gefäße werden Arterien genannt. Sie haben widerstandsfähige Wände, die mit starken Muskelfasern durchsetzt sind. Die zum Herzen hinführenden Blutgefäße, die Venen, sind dünnwandig, mit schwachen Muskelfasern. Die Arterien haben eine größere Fähigkeit, sich bei den verschiedenen Reizeinflüssen zusammenzuziehen oder auszudehnen. Sie reagieren auf emotional anspannende Signale, indem sie sich verengen, und zwar stärker als die Venen. Bei Tieren findet dieser Vorgang bei der Einstellung auf Kampf und Abwehr statt, beim Menschen auch bei Angstgefühlen, Schreck oder Wut. Bei diesen Emotionen werden über vegetative Nervensteuerung die Arterien augenblicklich verengt; dadurch wird der Blutdruck erhöht und die Kampfbereitschaft dokumentiert. Noch bevor sich Herz und Atmung auf die notwendige Mehrarbeit eingestellt haben, sind die Blutgefäße bereits aktiviert und in Anspannung versetzt. Sobald eine körperliche Aktivität einsetzt, wird die Notfallverengung der Gefäße wieder aufgehoben, und das Herz stellt durch schnelleres Pumpen eine der Leistung entsprechende Blutmenge zur Verfügung. Die aufwendige Aktivierungssteuerung durch vegetative Nerven wird dann eingeschränkt und hormonell mit Hilfe des Nebennierenhormons Adrenalin fortgesetzt. Bleibt der Betroffene körperlich inaktiv, besteht für das vegetative Nervensystem die Anspannung fort und der Blutdruck steigt weiter an. Unter Dauerbelastung kann sich ein psychosomatischer Bluthochdruck in der Form essentieller Hypertonie oder labiler Hypertonie einstellen.

Erst wenn sich der Betroffene über den Gegenstand der Angst

oder des Ärgers klargeworden ist und sich diesem aktiv stellt bzw. sich entspannt, läßt die nervöse Aktivierung nach.

Mit der Gefäßentspannung geht ein Wärmegefühl einher. Körperlich spielt sich folgendes ab: Verengte Blutgefäße erweitern sich, dadurch wird ein größerer Bluttransport und eine vermehrte Durchblutung ermöglicht. Am stärksten macht sich dies in den kleinen Arterien, den sogenannten Kapillaren, der Arme und Beine bemerkbar. Diese Gefäße sind wegen ihres geringen Durchmessers am leichtesten zu verengen und sogar zu schließen. Wie Sie bereits wissen, können solche Verengungen durch äußere oder innere Einwirkungen zustande kommen. Bei äußeren Einwirkungen handelt es sich meist um niedrige Außentemperaturen, bei inneren meist um seelische Spannungen, wie Ärger, Streß oder Angst, die akut und langfristig zu Zustandsänderungen der Gefäße führen.

Wer ein Lichtmikroskop zur Verfügung hat, kann folgenden Versuch zur Demonstration durchführen: Legen Sie einen Finger unter das Mikroskop und beobachten Sie die blaßrote Färbung im Fingerinneren. Legen Sie dann einen Eiswürfel an den Finger und beobachten Sie, wie in wenigen Sekunden die Rotfärbung verschwindet und das Fingerinnere weiß wird. Dieser Vorgang findet nicht nur bei äußerer Kälteeinwirkung statt, sondern auch bei Emotionen, die von Spannungsgefühlen begleitet sind.

Die Körperwärme ist ein deutlicher Hinweis auf körperliche Lebendigkeit. Auch für die Seele gebrauchen wir Begriffe der Wärme, um seelische Lebendigkeit zu beschreiben. Wir sagen, »Dieser Mensch ist warmherzig« oder »Ich kann mit jenem kühlen Menschen nicht warm werden«. Einen gefühllosen Menschen bezeichnen wir als kalt oder eiskalt. Beim Anblick eines solchen Menschen »läuft uns ein kalter Schauer über den Rükken«. Der gleiche kalte Schauer kann uns auch beim Anblick eines Toten erfassen. Im letzteren Fall handelt es sich um die Widerspiegelung der nachempfundenen körperlichen Kälte des Toten im eigenen Körper. Angst spielt häufig eine Rolle. Im Falle des gefühlskalten Menschen spiegelt sich die empfundene Seelenkälte in uns, und wir erleben diese als einen kalten Schauer.

Wir stellen fest, daß die Wechselwirkungen von körperlichen und seelischen Vorgängen nicht nur im eigenen Körper, sondern auch in den Wechselbeziehungen zwischen verschiedenen Personen wirksam sind. Der Mensch ist kein isoliertes Einzelwesen, das auf sich allein gestellt leben kann. Der Mensch ist ein Gemeinschaftswesen wie die meisten seiner tierischen Artgenossen. Die Tiere haben den »Vorteil«, daß ihre Gemeinschaftsbeziehungen nach festen vorgegebenen Regeln ablaufen. Beim Menschen wäre dies ebenso, wenn er keine zusätzlichen Verstandesfähigkeiten hätte, die er oft höher einschätzt als seine Instinkt- und Gefühlsausstattung. Nur so ist die Bewunderung zu verstehen, die dem eiskalten Rechner entgegengebracht wird. Der kalte Schauer, der bei seinem Anblick entsteht, wird von vielen zurückgedrängt, und mancher hofft, von diesem seelisch Toten noch etwas lernen zu können.

Wie ist dieser mitunter auftretende Wunsch, die Seelenwärme abzuschwächen, zu verstehen? Wir nannten bereits den Verstand als Stichwort und sind auch in diesem Augenblick versucht, die Gefühlswärme auf der Verstandesebene zu erläutern. Wir wollen verstehen und vermeiden damit, zu fühlen. Es gelingt uns sehr schwer, Verstand und Gefühl gemeinsam zum Tragen kommen zu lassen. Das gleichberechtigte Wirkenlassen beider Bereiche ist für den »kopflastigen« Menschen schwierig. Wird aber der Verstand dem Gefühl vorgezogen, fühlen wir dies sofort als störendes Ungleichgewicht. Sofort folgt ein typischer »kopflastiger« Fehlschluß: »Das Gefühl bewirkt das Ungleichgewicht, also beschneide ich den Gefühlsbereich noch stärker.« Dies hat zur Folge, daß die Seelenwärme entweder weiter abnimmt oder aus dem aktuellen Gefühlsbereich verdrängt wird. Sie taucht als Neurose auf oder manifestiert sich als psychosomatische Erkrankung. Zwangsneurosen, psychogene Kopfschmerzen oder Herzbeschwerden sind mögliche Ausprägungsformen.

Ein weiterer Beweggrund für das Zurückdrängen der Gefühle: Meist sind es unangenehme Empfindungen, die registriert und behalten werden. Dies gilt auch für das Wärmegefühl. Hierbei prägen sich extreme Wärmeempfindungen wie Erröten oder Hitzewallungen schnell ein. Auch die unangenehmen Empfindungen beim Erblassen, bei kalten Händen und kalten Füßen setzen sich als negative Erfahrungen fest und führen auf Dauer gesehen zum Zurückweichen gegenüber Gefühlen.

Im autogenen Training lernen wir, den **angenehmen** Gefühlsbereich verstärkt zu erleben. Wir lernen, wohlige Wärmegefühle hervorzurufen und uns an diesen zu erfreuen. Dadurch erreichen wir ein Stück Integration in unserer Person und lernen zugleich, auf bestimmte Körperfunktionen gezielt Einfluß zu nehmen. Wir lernen Gesamtentspannung von Seele und Körper.

Wärmeübung

Bevor Sie mit der zweiten Übung beginnen, sollten Sie Gelegenheit gehabt haben, sich über Ihre Erfahrungen, Erlebnisse und Empfindungen bei der ersten Übung auszusprechen und Schwierigkeiten zu klären. Dies ist für einen geregelten Fortgang des Trainings und zur Vermeidung von Trainingsfehlern wichtig.

Mit der Wärmeübung wenden wir uns der gezielten Entspannung des Kreislaufsystems zu. Wir erleichtern uns auch bei der Wärmeübung den Einstieg in das autosuggestiv erzeugte Wärmeerleben, indem wir uns zunächst auf den rechten Arm einstellen. Als Erleichterung ist auch die Wahl einer der Schwereformel ähnlichen Wortwahl anzusehen. Die Wärmeformel lautet: *Der rechte Arm ist wohlig warm.*

Mit der Wärmeübung wollen wir lernen, im Arm eine angenehme Wärmeempfindung hervorzurufen; ihr entspricht eine Hauttemperatur von etwa 35^0 Celsius. Sie brauchen die Grade allerdings nicht nachzumessen; es sollte Ihnen genügen, wenn Sie die Wärme als angenehm erleben. Unangenehm wäre eine Hitzeempfindung.

Zur bildhaften Unterstützung empfehlen sich die Vorstellungen, in einer warmen Badewanne zu liegen oder den rechten Arm in ein Armbad zu legen. Hilfreich sind auch die Vorstellungen, daß von außen die Sonne auf den Arm scheint oder von innen Wärme über die Schultern in den rechten Arm hineinfließt.

Sie können jetzt wieder mit der ersten Übung beginnen. Nehmen Sie dazu eine entspannte Haltung ein. Stellen Sie sich Ihren rechten Arm vor Ihrem inneren Auge vor und denken Sie die erste Formel *Der rechte Arm ist ganz schwer*. Denken Sie diese Formel mehrmals hintereinander und stellen Sie sich dann auf die Ruheformel *Ich bin ganz ruhig* ein. Wenn Sie wollen, können Sie die Schwereübung durch die Vorstellung eines die Schwere veranschaulichenden Bildes unterstützen. Es folgt eine erneute mehrmalige Einstellung auf die Schwereformel *Der rechte Arm ist ganz schwer* und eine einmalige Einstellung auf die Ruheformel *Ich bin ganz ruhig*. Sie können diese Folge noch einmal oder mehrmals wiederholen.

Gehen Sie dann zur Wärmeformel über und denken Sie mehrmals *Der rechte Arm ist wohlig warm* und anschließend einmal *Ich bin ganz ruhig*. Auch diese Folge können Sie mehrmals wiederholen. *Der rechte Arm ist wohlig warm – Ich bin ganz ruhig*.

Gebrauchen Sie bei Bedarf eines der vorgeschlagenen unterstützenden Bilder.

Nach einigen Minuten stellen Sie sich auf die Rücknahme der Schwereempfindung ein. Auch wenn die Schwereempfindung nicht vorhanden war, stellen Sie sich auf die Erhöhung der Muskelspannkraft ein. Verwenden Sie die Ihnen bereits bekannte Formel *Arme fest – Augen auf – Tief durchatmen.*

Denken Sie daran, stets nur die Schwereempfindung bzw. die Muskelentspannung zurückzunehmen. Die Wärmeempfindung sowie die übrigen Entspannungsempfindungen sollen nicht zurückgenommen werden; der allgemeine Entspanntheitszustand soll ja bestehen bleiben. Es empfiehlt sich, das Schweregefühl zurückzunehmen, um nach dem Training wieder muskuläre Aktionen ausführen zu können und um sich wieder frischer zu fühlen.

Mit der Zurücknahme der Schwereempfindung wird auch die Wärmeempfindung wegen des Zusammenwirkens der Körpersysteme teilweise aufgehoben. Sie sollten diesen Effekt jedoch nicht vorstellungsmäßig unterstützen.

Obwohl es sich auch beim Wärmegefühl um eine ganz natürliche und bekannte Empfindung handelt, erstaunt es Trainingsneulinge immer wieder, wenn es ihnen erstmals gelingt, diese Empfindungen autosuggestiv hervorzurufen. Ein Klient meint: »Das ist doch irgendwie verblüffend. Im Grunde genommen ist das ja eine ganz einfache Sache, nicht schwierig; man ist nur nie darauf gekommen. Etwas Ähnliches habe ich schon mal bei Müdigkeit gespürt; das ist ja eigentlich eine ganz natürliche Reaktion.«

Manche Klienten sind nicht sofort bereit, die gelungene Selbstbeeinflussung zu akzeptieren. Jemand äußert: »Ich versuche, den Anleitungen zu folgen und alles nachzuempfinden. Ich schaffe dies auch teilweise. Ich frage mich bloß, ob die Empfindungen Einbildung sind oder ob es sich um tatsächliche Zustände handelt. Ich glaube eigentlich, es ist tatsächlich so.«
Klienten, die zu solch intensiven Empfindungen (wieder) fähig sind, brauchen keine weitere äußere Bestätigung. Für Menschen, die nur Zahlen Glauben schenken, befindet sich im Abschnitt Erfolgskontrolle eine entsprechende Versuchsanordnung.

Sie sollten jetzt etwas über die möglichen Schwierigkeiten erfahren, die sich im Zusammenhang mit dem Erlernen der Wärmeübung ergeben können. Oft sind mangelnde Fortschritte bei der Wärmeübung auf die vorstellungsmäßige Vermischung von Wärme und Hitze zurückzuführen. Wer sich bei der Wärmeübung Hitze vergegenwärtigt, wird die Wärmeempfindung aus zwei Gründen nicht erreichen können: Zum ersten verhindert er unbewußt die Wärmeempfindung, weil er mit Hitze ein unangenehmes Gefühl verbindet. Zum zweiten wird er ein erreichtes Wärmegefühl nicht als solches wahrnehmen, weil er sich auf ein Hitzegefühl eingestellt hat und zwiespältig darauf wartet. Wenn Sie dazu neigen, bei der Wärmeübung etwas Heißes oder Hitze zu erwarten, sollten Sie die Wärmeformel abändern. Ihre Formel könnte in einem solchen Fall *Der rechte Arm ist angenehm warm* lauten. Es ist auch die Verwendung folgender Formeln möglich: *Der rechte Arm ist etwas warm* oder *Der rechte Arm ist wohltuend warm* oder *Der rechte Arm ist strömend warm.*

Es ist von Person zu Person unterschiedlich, ob die Wärme zunächst in der Hand, im Oberarm oder gleich im ganzen Arm gespürt wird. Am häufigsten wird die Wärme zunächst in der Hand empfunden; dies hängt sicherlich damit zusammen, daß in der Hand die wärmeempfindlichen Sinneszellen dichter angeordnet sind als im übrigen Arm. Es ist jedoch unwichtig, wo die Wärme zuerst auftritt; in jedem Fall findet eine spätere Generalisierung auf den ganzen Arm und den ganzen Körper statt.

Erfolgskontrolle

Das Empfinden der Wärme ist die einfachste Erfolgskontrolle. Gleichwertige Erfolgshinweise stellen »Kribbelempfindungen« oder »Ameisenlaufen« während der Übung dar. Auch »Prallheitsempfindungen« oder das Gefühl, daß der Arm dicker wird, sind Hinweise für die Beherrschung der Wärmeübung. Die genannten Empfindungen spiegeln die Ausdehnung von Blutgefäßen und die verbesserte Durchblutung wider.

Es ist ohne weiteres möglich, daß Sie die Wärme nicht als solche wahrnehmen. Wenn jedoch eine der genannten Empfindungen auftritt, können Sie sicher sein, das Übungsziel erreicht zu haben. Es genügt sogar, wenn Sie nur die Schwere- oder nur die Wärmeempfindung oder etwas Gleichwertiges spüren. Sie können davon ausgehen, daß Schwere nicht ohne Wärme auftreten kann, und umgekehrt. Wir trennen nur zu Übungszwecken die beiden Empfindungen, um uns zu Anfang gezielter auf den Muskel- bzw. Kreislaufbereich konzentrieren zu können. Muskelentspannung ist jedoch nicht ohne Kreislaufentspannung möglich und umgekehrt.

Die Erwärmung des Armes ist auch meßbar. Sie können z.B. die Zunahme des Armumfangs während der Übung messen. Dies ist in der Realität allerdings schwer durchführbar, weil Sie dadurch in Ihrer Übung gestört würden. Einfacher ist die Temperaturmessung. Sie können die Körpertemperatur in der Achselhöhle vor der Übung und bei der Übung messen und die beiden Werte miteinander vergleichen. Sie werden eine Temperatursteigerung von 0,2 bis 0,9⁰ Celsius feststellen können. Die verschränkte Haltung des rechten Armes bei diesem Versuch ist aber für die Entspannung nachteilig.

Unkompliziert und eindrucksvoll ist der Versuch mit einem Temperaturfühler, den Sie auf der rechten Hand befestigen. Eine kalte Hand, die Sie während der Übung erwärmen, zeigt eine Temperatursteigerung von bis zu 8 ^{0} Celsius.

Da wir im autogenen Training Normalregulationen einüben, sind Temperaturen über 36^0 Celsius hinaus nicht angestrebt, obwohl sie erreichbar wären.

Handtemperatur in

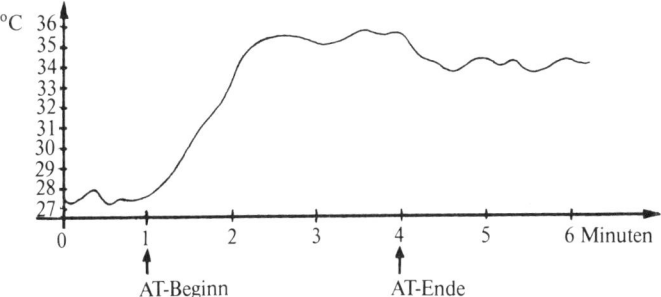

Abb. 11: Temperaturkurve einer zunächst kalten Hand bei Anwendung der Wärmeübung

Sie können der Abb. 11 die relativ schnell eintretende Temperatursteigerung entnehmen. Bei Trainingsneulingen sinkt die Temperatur rasch wieder um einige Grade ab. Bei Trainingserfahrenen bleibt die erreichte Wärme weitgehend bestehen; sie sinkt nach der Rücknahme nur unwesentlich ab.

Als Erfolgszeichen können Sie auch ein brennendes Gefühl werten, wenn es sich bei den betroffenen Stellen um frühere Verletzungen, Operationen oder Entzündungen handelt. Bei der Schwereübung sprachen wir in bezug auf zurückliegende Muskelverletzungen von der Bedeutung dieses Phänomens und brauchen uns hier nicht zu wiederholen.

Eine Klientin zeigt auf ihren Oberarm: »Hier wird mir bei der Wärmeübung immer ganz unerträglich heiß; das kann doch nicht richtig sein.« Sie trägt ein Kleid ohne Ärmel, so daß eine schrägverlaufende Narbe sichtbar wird. Ich spreche sie auf diese

Narbe an, und sie berichtet mit gepreßter Stimme von einem Unfall, bei dem ein Angehöriger schwer verletzt wurde. Sie selbst kam mit einer Armverletzung davon, die inzwischen wieder verheilt ist. Die schockartige emotionale Verletzung ist allerdings noch nicht verheilt, wie wir an den Reaktionen im autogenen Training sehen können.

Bei Trainierenden, die mit Durchblutungsstörungen zu tun haben, kann ein Erfolgsprotokoll nach drei Wochen regelmäßigen Übens folgendermaßen aussehen:

»In den Anfängen zeigte sich keine Wärmewirkung. Ich verspürte aber in den Fingerspitzen, und von dort ausgehend in der ganzen Handfläche, ein Gefühl des Kribbelns. Die linke Hand wurde mit in dieses Gefühl einbezogen. Bei weiteren Übungen wurde das Kribbeln sehr stark, sowohl in der rechten als auch in der linken Hand. Mit dem Kribbeln ging ein Wärmegefühl einher. Es strahlte von der Hand in den Unterarm aus. Der Oberarm blieb kühl. Bei den letzten Übungen ließ das Kribbeln nach. Dafür zeigte sich jetzt ein Wärmegefühl. Die Unterschenkel werden auch schon davon betroffen. Bemerkenswert ist, daß das Kribbeln in den Fingerspitzen sofort eintritt, sobald ich mich schon mit dem Gedanken befasse, eine Übung zu beginnen.«

Sollten Sie unter Hitzegefühlen leiden, kann sich bei Ihnen während der Wärmeübung eine vorübergehende Kühleempfindung einstellen. Diese Empfindung kann im Übergang von Hitze zu Wärme auftreten.

Wenn Sie bereits vor der Wärmeübung einen angenehm warmen Arm haben, sind während der Übung keine besonderen Empfindungen zu erwarten. Eine Empfindungsänderung kommt nur bei einer Zustandsänderung zustande. Ist und bleibt der Arm warm, bleibt auch die Empfindung gleich.

Anwendungsbereiche

Vor der Anwendung liegt auch bei der Wärmeübung die Übungsphase. Nach drei Wochen regelmäßigen Übens gelang einem Klienten die gezielte Erwärmung der Füße. Er schreibt: »Ich legte mich wie immer mit kalten Füßen zu Bett. Da ich gestern Abend zum ersten Mal die Ausbreitung des Wärmegefühls auf die Beine gespürt hatte, wollte ich heute eine gezielte Erwärmung der Füße versuchen. Über Schwerwerden der Arme und Warmwerden der Arme gelang es mir tatsächlich, eine merkliche Erwärmung der Füße innerhalb weniger Minuten herbeizuführen. Mir gelang dies, indem ich mit meinen Gedanken von den Armen auf die Füße überging.«

In diesem Beispiel wird bereits die Generalisierung der Wärme auf die Beine gezielt angewendet. Natürlich sind auch kalte Hände und allgemeine Kälte- bzw. Kühleempfindungen mit der Wärmeübung günstig zu beeinflussen. Von der physiologischen Seite her gesehen ist es möglich, Gefäßverspannungen, verkrampfte und dadurch verengte Gefäße durch die Wärmeübung zu lockern. Somit können Durchblutungsstörungen gelindert bzw. behoben werden.

Auch bei Hitzewallungen in den Wechseljahren, bei Erröten und sonstigen Hitzegefühlen ist die Wärmeübung günstig. Sie sollten allerdings nicht auf den Gedanken verfallen, in solchen Fällen eine Kühleformel zu verwenden. Kühle soll nur auf den Kopfbereich angewandt werden, wie Sie bei der Kopfübung noch genauer erfahren werden. Für den übrigen Körper führt eine Kühlesuggestion zu Unordnung; eine richtig durchgeführte Wärmesuggestion dagegen hebt die Hitzeempfindung auf und erzeugt ein angenehmes Wärmegefühl.

Bei Beklemmungsgefühlen, Angst, Stottern und anderen Hemmungen ist eine Kombination von Schwere- und Wärmeübung günstig. Sie sollten jedoch im Einzelfall ausprobieren, ob Sie leichter mit Schwere oder Wärme oder mit beiden gemeinsam zum Entspannungsziel kommen.

Beide Übungen bewirken innere Ruhe und Erholung. Sie tragen zur Ausgeglichenheit bei und erhöhen die Merkfähigkeit. Beide Übungen dienen auch der Schlafförderung. Wenn Sie am Abend während der Übungen einschlafen, sollten Sie sich darüber freuen. Das dadurch entstehende abendliche Übungsdefizit sollten Sie jedoch durch eine zusätzliche Nachmittagsübung ausgleichen.

Wer bei den Übungen häufig einschläft, obwohl er sich vorgenommen hatte, wachzubleiben, hat wahrscheinlich ein Nachholbedürfnis an Schlaf. Gönnen Sie sich mehr davon.

3. Seminarstunde: Atmung

Psychosomatik der Atmung

Bei psychosomatischer Betrachtungsweise der Atmung wird deutlich, wie stark Atmung mit Leben gleichgesetzt wird. In der Schöpfungsgeschichte heißt es bereits: »den Odem eingeben«. Atem eingeben und zum Leben erwecken haben hier die gleiche Bedeutung. Die enge Verknüpfung von Atmung und Leben ist heute nicht mehr so deutlich, obwohl in jedem Erste-Hilfe-Kursus die Beatmung als wichtigstes Wiederbelebungsverfahren gelernt wird.

Heute scheint das Herz wegen der häufiger werdenden Herzstörungen die erste Stelle der gefühlsmäßig wichtigsten Körperfunktionen eingenommen zu haben. Dennoch treten Atemstörungen häufiger auf als Herzstörungen.

Fast alle Anspannungen gehen mit Atemstörungen einher. Bei Angst und Schrecken erfährt der Betroffene, wie »es ihm den Atem verschlägt« oder wie »sein Atem stockt«.

Zu häufigen Atemstörungen bis hin zu asthmatischen Beschwerden kommt es besonders bei Trennungskonflikten oder bei nicht verkrafteten Trauerfällen. Hier zeigt sich die symbolische Verknüpfung von Atmung und Leben. Gerät im Bereich Leben – Tod etwas aus den Fugen, wird die Atmung als Repräsentant des Lebens gehäuft betroffen. Die geahnte Gefährdung für das eigene Leben wird auf die Atmung verschoben und als Atemnot oder Atembeklemmung empfunden.

Bereits in den ersten Lebenstagen entstehen gefühlsmäßige Bindungen. In einer gut funktionierenden Ehe entwickeln sich diese emotionalen Bindungen zwischen den Ehepartnern und den Kindern, in anderen Gemeinschaftsformen zwischen den jeweiligen Partnern. Kommt es zu vorübergehenden oder dauernden Trennungen der Partner, wird das wie der Verlust eines

Stückes vom eigenen Selbst erlebt. Wird bereits ein Abschied als Verlust von Lebensgefühl empfunden, um wieviel schmerzlicher werden wir von Todesfällen betroffen. Die Unwiederbringlichkeit des Partners schlägt eine Wunde in das eigene Leben. Manche spüren diese Wunde als Riß, andere als bodenlosen Krater und wieder andere als wüstenleere Verlassenheit.

Wenn zwischen den Partnern keine innige Verbundenheit bestand, wird eine Trennung kaum Atemnot zeitigen. Es kann sogar sein, daß der in seinem Lebensgefühl vorher eingeschränkte Partner wieder freier atmen kann und auflebt.

Bei demjenigen, dem die Trennung weh tut, werden sehr wahrscheinlich Atembeklemmungen auftreten. In den Fällen, in denen das auslösende Ereignis nicht verarbeitet wird, kann es zu chronischen Atemnotzuständen und zu Beklemmungsgefühlen, nicht selten zu chronischem Asthma kommen.

Es ist auffällig, wie verbissen Asthmatiker eine psychische Verursachung ihrer Erkrankung ablehnen. Sie berufen sich auf eine Erkältung oder auf Nebel, die das Asthma auslösten, und wehren sich, andere Auslösemöglichkeiten in Erwägung zu ziehen. Ich erinnere mich an eine junge Frau, die den Beginn ihres Asthmas mit einer Erkältung in Verbindung brachte und damit dieses Thema für erledigt erklärte. Sie spürte die geballte emotionale Gewalt, die hinter dem Krankheitsbild Asthma verborgen war, und sie wollte nicht daran rühren. Durch dieses Verhalten verstärkten sich im Laufe der Zeit die asthmatischen Beschwerden, bis die Frau schließlich bereit war, sich mit den Ursachen ihrer Erkrankung auseinanderzusetzen. Auslösend war der Tod der Mutter gewesen, auf den die Klientin nach einigen Tagen mit einem asthmatischen Anfall reagierte. Sie vermied dadurch die für sie notwendige »Trauerarbeit«. Die noch nicht durchlebte Trauer konnte mit therapeutischer Hilfe nachgeholt werden, und die extreme Luftnot trat danach nicht mehr auf, weil sie keinen »Sinn« mehr erfüllte. Der Sinn der Luftnot lag in der Ablenkung vom Todesfall. Paradoxerweise nahm die Klientin dafür eigene Todesangst in Kauf.

Paradox erscheint dieser Sachverhalt allerdings nur für den Verstand. In der Psyche gelten differenziertere Gesetzmäßigkeiten.

Sie ist nicht auf die leblose Abstraktion von $1 + 1 = 2$ zurückzuführen, und sie läßt sich nicht ungestraft in Ketten legen.

Die Psyche folgt auch einer Logik, jedoch der ihr gemäßen Form, der Psycho-logik. Es entspricht der Psychologik, daß bei fremder oder eigener Lebensunsicherheit die Atmung bevorzugt in Mitleidenschaft gezogen wird. Dies ist als Ausdruck von existenziellem Getroffensein anzusehen. Natürlich werden alle menschlichen Bereiche in Mitleidenschaft gezogen, der ganze Mensch ist das »Schlachtfeld«, auf dem der Kampf um die Bewältigung der akuten Lebensgefährdung geführt wird. Dieser Kampf in der eigenen Person ist notwendig, um nach einem Todesfall oder einer Trennung die Voraussetzungen für ein neues Ordnungsgefüge zu schaffen.

Die öffentlichen Beisetzungen können auch in diesem Sinne gesehen werden: Die Beteiligten werden dabei gezwungen, sich mit dem Todesfall auseinanderzusetzen. Beim Begräbnis wird die Öffentlichkeit zum Miterleben der Trauer zugelassen, auch wenn dies für die Trauernden unangenehm ist.

Warum verhalten wir uns bei der Bewältigung anderer emotionaler Belastungen, bei Konflikten oder Problemen, nicht ähnlich? Warum verkriechen wir uns, meiden den Mitmenschen und fliehen sogar vor unseren eigenen Gefühlen?

Die Antwort ist einfach: Weil die Beschäftigung mit dem anstehenden Thema schmerzlich ist.

Es ist verblüffend, zu beobachten, wie ehemalige Kleinigkeiten unbewußt zu Problemen aufgebauscht werden, nur um von dem ursprünglichen Problem abzulenken.

Eine verheiratete, caritativ aktive Hausfrau bekam zwei Wochen nach dem Tod der 85-jährigen Mutter einen asthmatischen Anfall. Sie hätte den Tod der Mutter leichter verkraften können, wenn sie sich nicht Gewissensbisse und Selbstvorwürfe gemacht hätte. Vorausgegangen war folgendes: Es war ihr nicht möglich gewesen, die Mutter an ihrem 85. Geburtstag zu besuchen. Eine Woche später starb die Mutter, ohne daß sie sie noch einmal gesehen hatte. Um den Gedanken der Mitschuld am Tod der Mutter zu vermeiden, entwickelte die Klientin ein asthmatisches Syndrom.

Ein von seiner Frau getrennt lebender Mann litt nur am Wochenende und im Urlaub an Atemnotzuständen. Seinen Urlaub mußte er bereits mehrmals wegen anhaltenden Asthmas abbrechen. Dieser Klient hatte sich nach der Trennung von seiner Frau – in eine Scheidung hatte er nicht eingewilligt – in die Arbeit geflüchtet, um von seinem Trennungsproblem abzulenken. Er bemühte sich auch um »aktive« Wochenenden und ebensolchen Urlaub; dies gelang ihm jedoch nicht vollständig, und so trat immer wieder die Fluchtform Asthma auf.

Eine verwitwete Sekretärin mit zwei Kindern reagierte auf den Unfalltod eines Sohnes mit einer Stimmbandlähmung, mit Migräne und mit asthmatischen Anfällen. Die ersten beiden Symptome legten sich bald, das Asthma blieb jahrelang bestehen, bis mit psychotherapeutischer Hilfe die emotionale Ablösung geschafft wurde. Als es der Klientin gelang, die Illusion vom lebenden Sohn in sich selbst sterben zu lassen, verschwanden die asthmatischen Anfälle.

Asthmatiker, die bei nüchterner Auflistung bzw. Gegenüberstellung lebensgeschichtlicher Daten und asthmatischer Beschwerden gewisse Gesetzmäßigkeiten feststellen, sollten sich so bald wie möglich um psychotherapeutische Hilfe bemühen. Je länger das Symptom besteht, desto schwieriger werden die Linderungsmöglichkeiten mit medizinischen und die Heilungschancen mit psychologischen Mitteln. Im Laufe der Jahre und Jahrzehnte entwickelt sich nämlich eine Automatik der körperlichen Abläufe, und schließlich ist das auslösende Erlebnismoment gar nicht mehr nötig, um einen Asthmaanfall zum Ausbruch kommen zu lassen. Es genügt dann die Wirksamkeit des fast immer nachweisbaren Allergens. Dabei handelt es sich um einen Stoff, der den Körper in eine erhöhte Abwehrhaltung versetzt und auf den der Organismus gehäuft mit Atemnot reagiert.

Auch die Erlebniskomponente kann ohne Vorhandensein des Allergens einen Asthmaanfall auslösen (vgl. Abb. 12).

S. ZEPF* belegt diesen Wirkzusammenhang durch verschiedene Untersuchungsreihen. Er berichtet unter anderem von der Sen-

* S. ZEPF: Zur Theorie der psychomatischen Erkrankung (Frankfurt/M., 1973)

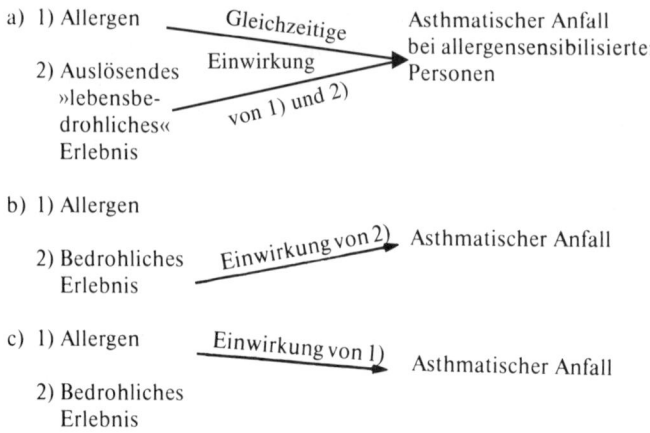

a) 1) Allergen
   2) Auslösendes »lebensbedrohliches« Erlebnis
   Gleichzeitige Einwirkung von 1) und 2)
   → Asthmatischer Anfall bei allergensensibilisierten Personen

b) 1) Allergen
   2) Bedrohliches Erlebnis
   Einwirkung von 2)
   → Asthmatischer Anfall

c) 1) Allergen
   2) Bedrohliches Erlebnis
   Einwirkung von 1)
   → Asthmatischer Anfall

Abb. 12: Auslösebedingungen für einen asthmatischen Anfall
a) bei einem neu auftretenden Asthma,
b) und c) bei chronischem Asthma bronchiale

sibilisierung gegen sogenannte »Lungenallergene«, die bei etwa 70 % der Bevölkerung vorliegt; zu einer Allergie kommt es jedoch nur bei 10 % von diesen 70 %. Beim allergischen Asthma liegen die Verhältnisse ähnlich: Bei allergensensibilisierten Personen kommt es nur in einem sehr geringen Prozentsatz zum tatsächlichen Asthmaausbruch. Für das erste Auftreten von Asthma ist das gleichzeitige Einwirken von Allergen und bedrohlichem Erlebnis nötig. In diesem Sinne äußerte sich auch A. JORES. *

Asthmatiker wenden manchmal ein, diese psychosomatischen Zusammenhänge könnten allein deswegen nicht stimmen, weil sie bereits als Säugling Asthmaanfälle gehabt hätten.

Bei genauerem Nachfragen berichten sie zum Beispiel von der mangelnden Zuneigung oder Zärtlichkeit der Mutter. In einem solchen Fall spiegelt sich in Atemnot und in asthmatischen Anfällen die für den Säugling lebensbedrohliche Situation der mangelnden Zuwendung. Der Säugling ist auf die Zuwendung und den Körperkontakt mit seinen Bezugspersonen angewiesen. Das Baby ist allein nicht lebensfähig und spürt im Körper-

---

* A. JORES: Der Asthmatiker (Bern/Stuttgart, 1967)

kontakt das Weiterbestehen der lebensgarantierenden Beziehung zu seiner Bezugsperson. Auf eine häufige Mißachtung ihrer lebenswichtigen Bedürfnisse reagieren viele Babys mit Luftnot, in extremen Fällen mit Asthma.

Häufiger sind die Fälle, in denen bereits ein Familienmitglied vor dem ersten Atemnotanfall des Babys Asthma hatte. Hier sind Fachleute und Laien allzu schnell bereit, die Vererbungshypothese ohne weitere Erkundung als bestätigt anzusehen. Daß sich Asthma vererbt, ist zwar möglich, aber weit unwahrscheinlicher, als allgemein angenommen wird.

Die meisten Verhaltensweisen werden von den Eltern übernommen, im Laufe des Erziehungsprozesses gelernt. Mütter mit asthmatischen Beschwerden neigen meist zur Überbehütung; sie bemühen sich, das Kind möglichst keine Sekunde aus den Augen zu lassen. Wenn sie aber dann doch einmal das Baby verlassen müssen, reagiert dieses mit Angstzuständen bzw. Atemnot, weil es plötzlich einer ganz neuen Situation gegenübersteht. Das Baby hat nicht gelernt, sich in kleinen Schritten auf solche Situationen einzustellen.

Asthmatisch vorbelastete Erziehungspersonen schenken gewöhnlich Atemunregelmäßigkeiten ihrer Kinder übermäßige Beachtung. Dies ist verständlich, weil sie noch stärker als andere Personen mit Atemnot Todesangst verbinden. Wegen dieses stark empfundenen Zusammenhangs werden sie bei Atemunregelmäßigkeiten des Kindes sofort aufmerksam, stürzen zum Bett oder wenden sich in anderer Form dem Kind zu.

Bereits das Baby ist fähig, aus dem Verhalten der Mutter einen oft verhängnisvollen Schluß zu ziehen, der auf der Verstandesebene folgendermaßen lauten würde: Ich bin gern im Arm der Mutter. Sie nimmt mich nicht ständig in den Arm. Wenn ich schreie, nimmt sie mich manchmal in den Arm. Wenn ich nach Luft schnappe, nimmt sie mich immer in den Arm. Also werde ich nach Luft schnappen, um sicher zu sein, in den Arm genommen zu werden.

Dieser vorbewußt ablaufende Mechanismus ist nicht so theoretisch, wie er auf den ersten Blick erscheinen mag. Es handelt sich hier um das Lernmuster des »Lernens am Erfolg«, das in allen Verhaltensbereichen wiederzufinden ist: Ein Kind, dessen Eltern sich über seine Streiche freuen, wird öfter Streiche ausführen. Ein Kind, das ein Bonbon bekommt, damit es aufhört zu schreien, wird öfter schreien, um seine »Belohnung« zu bekommen. Ein Erwachsener, der für eine bestimmte Leistung gelobt wird, wird diese Leistung öfter erbringen.

Die positiven Konsequenzen, die ein Verhalten hat, führen zur vermehrten Ausführung des entsprechenden Verhaltens. Sie können die Wirksamkeit dieser Gesetzmäßigkeit auch beim Erlernen des autogenen Trainings erleben: Sobald Sie einen ersten Erfolg in Form von Schwere- oder Beruhigungsgefühl spüren, sind Sie stärker motiviert, die Übungen häufiger durchzuführen.

Atemübung

Wenn Sie jetzt den Versuch machen, schnell und hektisch zu atmen, und Ihre Empfindungen dabei beobachten, werden Sie feststellen, wie die Atmung in Unordnung gerät und noch andere Störungen sich bemerkbar machen. Sie spüren zum Beispiel einen Druck im Kopf, Schwindelgefühl, Schweißausbruch, Pulssteigerung und Atembeklemmung. Dies sind mögliche Folgen einer Überatmung.

Eine verstärkte Atemtätigkeit ist nämlich nur bei körperlicher Belastung sinnvoll, um das höhere Energieangebot bereitzustellen, das bei körperlicher Arbeit benötigt wird. Bei emotionaler Belastung werden durch heftigeres Atmen ebenso zusätzliche Energien aufgebaut, aber nicht in (körperliche) Arbeit umgesetzt. Durch die Atemübung des autogenen Trainings kann diesem Prozeß entgegengewirkt werden.

Im autogenen Training bleiben die Art und die Technik der Atmung unbeeinflußt. Eine oberflächliche Atmung bleibt also zunächst oberflächlich und eine eingeübte Sängeratmung wird nicht mutwillig geändert. Sie lernen im autogenen Training, sich auf Ihre gewohnte Atmung einzustellen und sie zu verlangsamen, d.h., die Häufigkeit des Ein- und Ausatmens pro Minute zu verringern.

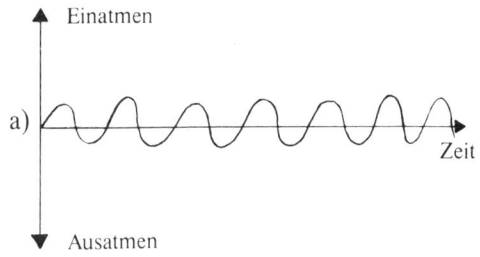

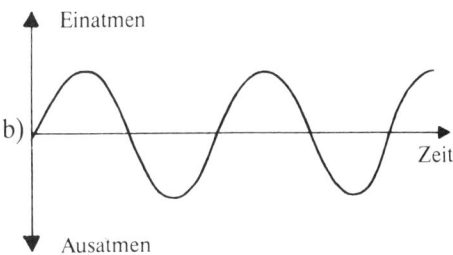

Abb. 13: Schematische Darstellung von
a) hektischer Atmung und b) ruhiger Atmung

Im autogenen Training geht es um die Ruhe und die Regelmäßigkeit der Atmung. Sollte es darüber hinaus notwendig sein, ein gezieltes Atemtraining durchzuführen, empfiehlt sich am ehesten die Atemgymnastik. Die Erfahrung zeigt, daß dies nur in extremen Fällen notwendig ist, weil auch beim Erlernen der autogenen Atemübung eine langsame, aber kontinuierliche Umstellung zur richtigen, d. h. zur natürlichen Zwerchfellatmung stattfindet. Bei ruhig und regelmäßig fließendem Atem ist die bewußte Anwendung einer Atemtechnik nicht mehr notwendig. Die Atmung stellt sich wie von selbst auf natürliches Funktionieren ein.

Die Atemformel ist zweiteilig und lautet *Die Atmung ist ganz ruhig – es atmet mich.* Der erste Teil bewirkt die Einstellung auf Ruhe. Der zweite Teil *es atmet mich* soll Sie jedesmal daran erinnern, nicht aktiv bzw. bewußt zu atmen, sondern es atmen zu lassen. *Es atmet mich* bedeutet, im Gegensatz zu »*Ich atme*«, daß Sie die Atmung nicht willkürlich, sondern autosuggestiv beeinflussen sollen. Andere Formen von »Ich atme« könnten lauten »Ich werde geatmet« oder »Es atmet in mir«. Diese Konstruktionen sind in unserer Sprache nicht gebräuchlich und klingen daher zunächst ungewohnt; Sie werden sich aber nach einigen Tagen daran gewöhnt haben.

Die Atemübung können Sie wie die anderen Übungen bildhaft unterstützen. Stellen Sie sich zum Beispiel vor, Sie liegen am Meeresstrand und beobachten die leichte Brandung in ihrem rhythmischen Fluß. Vielleicht gehen Sie noch weiter und stellen sich vor, wie die Ebbe fortschreitet und die Wellen immer weniger hochschlagen. Oder begeben Sie sich in Gedanken aufs Meer und lassen sich von einer Luftmatratze wiegen. Wer technisch interessiert ist, versetzt sich in den Rhythmus eines Blasebalgs oder eines anderen Pumpsystems.

Sie sind jetzt bereit, mit Ihrem autogenen Training zu beginnen. Zur Einleitung können Sie sich auch auf das Bild einstimmen: Die Gedanken kommen und ziehen weiter; sie verschwimmen und verschwinden dann wie Wolken am Abendhimmel.

Stellen Sie sich nun auf Ihren rechten Arm ein und denken Sie die erste Formel *Der rechte Arm ist ganz schwer.* Konzentrieren Sie sich weiter auf diese Formel und stellen Sie sich dann einmal auf *Ich bin ganz ruhig* ein. Machen Sie danach weiter mit der zweiten Formel *Der rechte Arm ist wohlig warm.* Denken Sie mehrmals diese Formel und gehen Sie weiter mit *Ich bin ganz ruhig.* Stellen Sie sich nun auf die Atmung ein und denken Sie *Die Atmung ist ganz ruhig – es atmet mich. Die Atmung ist ganz ruhig – es atmet mich . . .*

Nehmen Sie schließlich die Schwereempfindung wieder zurück. *Arme fest – Augen auf – tief durchatmen.*

Sollten Sie sich nach einigen Trainingstagen nicht an die Formel *Die Atmung ist ganz ruhig – es atmet mich* gewöhnt haben, können Sie auch eine abgekürzte Formel ausprobieren: *Atmung ganz ruhig – es atmet mich* oder *Atem ruhig – es atmet.* Um den ruhigen Fluß des Atems genauer zu betonen, können Sie auch die abgewandelte Formel *Der Atem fließt ganz ruhig – es atmet mich* oder *Der Atem geht ganz ruhig und gleichmäßig* verwenden.

Während der Atemübung haben manche das Gefühl einer verstärkten oder kräftigeren Atmung. Dies hängt mit der momentan größeren Bewußtheit der Atmung zusammen: Indem Sie sich auf die Atmung konzentrieren, wird Ihnen die normalerweise unbewußt ablaufende Atmung bewußter, und Sie bekommen den Eindruck, die Atmung sei tiefer oder kräftiger. Diese Empfindungen können in den ersten Tagen auftreten und hören normalerweise nach zwei bis drei Tagen wieder auf. Sollten Sie diesen Aufmerksamkeitseffekt spüren, erinnern Sie sich nochmals an den zweiten Teil der Atemformel *Es atmet mich*. Lassen Sie Ihren Atem fließen und versuchen Sie, keine muskulär-aktive, sondern eine auto-suggestive Atementspannung.

In den ersten zwei Übungswochen dürfen Sie noch nicht erwarten, daß Sie die Atemübung bereits anwenden können. Stellen Sie die Übung an die dritte Stelle Ihres Trainings; befassen Sie sich damit im Anschluß an die Schwere- und Wärmeübung.

Sie haben jetzt drei Übungen kennengelernt, und es werden noch vier folgen. Ich halte es für sinnvoll, wenn Sie von nun an den Schwerpunkt auf bestimmte Übungen legen. Es empfiehlt sich, als ersten Schwerpunkt die Schwereübung zu wählen, und zwar so lange, bis Sie diese Übung beherrschen. Dann können Sie sich hauptsächlich mit der Wärmeübung beschäftigen, bis Sie diese beherrschen. Dann setzen Sie den Schwerpunkt auf die Atemübung und befassen sich zeitlich kürzer mit den anderen Ihnen bekannten Übungen. Bei diesem Vorgehen können Sie sich stets auf alle Übungen einstellen; durch die Schwerpunktbildung können Sie gleichzeitig systematisch im Training voranschreiten.

Erfolgskontrolle

Nach zwei- bis vierwöchigem regelmäßigem Üben beherrschen Sie die Atemübung; sie kann nun gezielt eingesetzt werden. Achten Sie bitte jeweils auf die Unterscheidung zwischen *Übungsphase* und *Anwendungsphase*. In der Übungsphase geht es vor allem um die autosuggestive Beschäftigung mit der

Übung. Die Erfolgskontrolle ist für manche Übenden erst in der Anwendungsphase möglich. Was Sie spüren können, ist die Verflachung der Atmung, die als ruhigeres und gleichmäßigeres Fließen des Atems empfunden wird. In der ersten Zeit wird es Ihnen wahrscheinlich nicht gelingen, mit der Atemübung eine hektische Atmung ruhigzustellen; Sie werden daher kaum eine Veränderung spüren. Bei ruhiger Ausgangsatmung sind besondere Empfindungen der Atemberuhigung nicht zu erwarten, weil keine Änderung zustande kommt.

Bei allen Übungen des autogenen Trainings können Sie momentan eintretende Zustandsänderungen wahrnehmen. Sie erleben die Einregulierung von einer Unter- oder Überfunktion auf ein ausgeglichenes Mittelmaß. Bei der Atemübung ist in der Übungsphase ein solcher Effekt nicht zu erwarten, weil Sie erstens die Übung noch nicht beherrschen und zweitens die Atmung durch die vorausgehende Schwere- und Wärmeübung bereits weitgehend einreguliert ist.

Aber bereits in der Übungsphase können Sie feststellen, wie Sie sich mit Hilfe der Atemübung allgemein vertieft entspannen. In der Anwendungsphase können Sie dann die gezielte Ruhigstellung der Atmung erleben, die nach konsequentem Training bereits nach wenigen Sekunden spürbar wird. Die gestörte Atmung normalisiert sich wieder und die mitbetroffenen Körperfunktionen pendeln sich auf ein Normalniveau ein.

Ein Klient war nach drei Übungswochen erstaunt, daß bereits bei der Einstellung auf Schwere ein Wärmegefühl und eine ruhigere Atmung eintraten. Dieser Klient hatte bereits große Fortschritte gemacht. Die Entspannung hatte sich generalisiert, so daß bei der Einstellung auf Schwere die Entspanntheitsgefühle auch in anderen Körperbereichen auftraten.

Es ist nach einigen Übungswochen ohne weiteres möglich, bei Einstellung auf eine bestimmte Übung auch Reaktionen in anderen, nicht gesondert trainierten Körperbereichen zu spüren. Solche Generalisierungen sind deutliche Hinweise für Ihre Fortschritte auf dem Weg zu allgemeiner und umfassender Entspannung.

Anwendungsbereiche der Atemübung

Die Atemübung trägt zur Gesamtentspannung bei; das allgemeine Entspannungsgefühl vertieft sich in angenehmer Weise. Als gezielte Entspannungsübung wird die Atemübung angewendet, wenn der momentane Erregtheits- oder Gespanntheitszustand hauptsächlich aufgrund einer gestörten Atmung entstanden ist. Wenn Sie schnell gelaufen sind oder nach einer hektischen Bewegung wieder in die Ruhelage kommen, normalisiert sich die Atmung nur langsam. Mit Hilfe der Atemübung können Sie das Wiedereinpegeln unterstützen und dadurch Schweißausbrüche oder Kopfdruck abschwächen oder verhindern.

Jede körperliche Betätigung verlangt natürlich eine verstärkte Atemtätigkeit; nach körperlichen Belastungen führt die Umstellungsträgheit der Atmung jedoch zu Atemstörungen oder zu anderen Mißempfindungen.

Viel häufiger als Atemstörungen im Zusammenhang mit körperlichen Belastungen sind Atemstörungen im Zusammenhang mit seelischen Belastungen. Hauptsächlich handelt es sich um Schreck- oder Angsterlebnisse, um Trennungskonflikte oder Trauergefühle, bei denen die Atmung in Mitleidenschaft gezogen wird.

Wir haben bereits die Notwendigkeit der emotionalen Auseinandersetzung mit diesen bedrängenden Themen erörtert. Als Sofortmaßnahme können Sie in diesen Fällen mit der autogenen Atemformel arbeiten; vermeiden Sie aber nicht die notwendige gefühlsmäßige Bearbeitung der belastenden Probleme.

Wenn sich asthmatische Anfälle ankündigen, sollte die Atemübung als Soforthilfe durchgeführt werden. Viele Berichte von Betroffenen zeigen, daß sich Asthmaanfälle dadurch abfangen und verhindern lassen. Voraussetzung ist natürlich die Beherrschung des Trainings. Eine Schwierigkeit kann darin liegen, daß Ihnen zu einem Zeitpunkt, zu dem Sie sich existentiell bedroht fühlen, nicht sofort das autogene Training einfällt. J. H. Schultz berichtete von einem Erlebnis während des Krieges: Er wurde abgeführt und erlebte auf dem Weg ins Ungewisse starke Angst, die einige Zeit anhielt, bis ihm plötzlich einfiel, daß es das autogene Training gibt. Er stellte sich auf die Übungen ein; die Angst ließ nach und eine wohltuende Gelassenheit breitete sich in ihm aus.

SCHULTZ konnte sich also helfen, nur dauerte es recht lange, bis der »Erfinder« des autogenen Trainings sich auf diese Hilfsmöglichkeit besann.

Sie werden sagen: »Dann dauert es ja bei mir noch länger«.

Das kann sein. Sie können aber aus dieser Erfahrung den Schluß ziehen, daß eine gedankliche Verknüpfung von bedrohlichen Erlebnissen und der Hilfsmöglichkeit durch autogenes Training eingeübt werden kann, so daß bei bedrohlichen Erlebnissen fast automatisch auf autogenes Training umgeschaltet wird. Eine solche Verbindung kann durch gleichzeitige praktische oder gedankliche Beschäftigung mit den beiden Bereichen, die verknüpft werden sollen, erreicht werden. Wenn Sie so verfahren, können Sie die momentane Beseitigung der Atemnot erreichen und sogar eine Hyperventilationstetanie verhindern. Dabei handelt es sich um eine stark beschleunigte Atmung, die zu einem Starrkrampf führt. Bei Überatmung hat sich auch die Formel *Die Lungen sind angenehm warm* als hilfreich erwiesen. Da alle Körperbereiche zusammenwirken, können Sie mittels der Atemübung auch auf andere Funktionen regulierend einwirken. Bei ruhiger Atmung wird z. B. auch das Herz ruhiger schlagen.

4. Seminarstunde: Herz

Psychosomatik des Herzens

Das Herz scheint die heutigen Menschen ebenso stark zu beschäftigen, wie die Atmung die Aufmerksamkeit der Menschen früherer Epochen in Anspruch nahm. Wie kommt es, daß die meistbeachtete Körperfunktion heute nicht mehr die Atmung, sondern die Herztätigkeit ist?

Dieser Wandel hängt sicherlich mit der starken Zunahme der Herzstörungen zusammen, die das Herz gefühlsmäßig immer mehr aus der angenehmen Verknüpfung von persönlicher Nähe und Liebe herauslösen. Wir benutzen noch Worte wie herzlich; von Herzen kommend; sich etwas zu Herzen nehmen; jemanden von Herzen gern haben. Demgegenüber wurden Redewendungen mit negativer Bedeutung geprägt: vom Herzen kommt nichts Gutes; das geht an die Pumpe; Herz-tod und Herz-infarkt sind die neuen angstmachenden Wortverbindungen mit Herz. Sachliche Aufklärung ist hier notwendig, um Herzneurosen und Herzrhythmusstörungen vermeiden zu helfen. In einer Tageszeitung stand bereits 1974 sinngemäß folgendes: Man muß den Menschen bewußt machen, daß die vielen Spannungen des Alltags, die ständige Hetze und die seelischen Belastungen oft die Hauptschuld tragen, wenn das Herz nicht richtig funktioniert.

Es gibt freilich Störungen, die als Folge schwerer organischer Veränderungen im Herzen auftreten, so zum Beispiel den dauernd unregelmäßigen Puls, der ständiger ärztlicher Betreuung bedarf. Aber ungleich häufiger beobachtet man in der Gegenwart nervöse Störungen, die direkt mit der Lebensführung zusammenhängen. Wenn Rhythmusstörungen im Herzen auftreten, dann ist vermutlich auch der Rhythmus des ganzen Lebens irgendwie gestört. Dann ist anzunehmen, daß ein Mensch hektisch, gejagt, unter Zeitdruck oder unter sonstigen Anspannungen lebt. Höchste Zeit, alles zu verändern, sich neu an die Umwelt anzupassen und für eine gewisse Ruhe zu sorgen.

Somit wäre die erste Aufgabe beim Auftreten von Rhythmusstörungen des Herzens, daß man einmal sorgfältig die ganze Lebenssituation überdenkt. Das Herz ist eine Art Präzisionsinstrument. Es gibt Alarmsignale und zeigt, daß etwas in der Beziehung des Menschen zu seiner Umwelt nicht in Ordnung ist!

Die Feststellung, Rhythmusstörungen des Herzens deuten auf einen gestörten Lebensrhythmus hin, ist beachtenswert. Dieser Aussage liegt das vielbeobachtete Phänomen zugrunde, daß das Herz auf Rhythmusstörungen im Leben leicht mit eigenen Unregelmäßigkeiten reagiert.

Um Ihnen einen Eindruck von der Art der Situationen zu geben, die bevorzugt zu Herzrhythmusstörungen führen, seien einige aufgezählt: Schichtarbeit, ständig wechselnde Arbeiten ohne Erledigung der vorausgegangenen Aufgaben, berufliche oder private Probleme, Scheidung oder Trennung, Wohnungswechsel, Urlaubsanfang, unregelmäßige Essenszeiten.

Hierbei spielt die Erlebniskomponente eine wichtige Rolle, so daß man von der Situation nicht geradewegs auf die Herzrhythmusstörung schließen kann. So kann etwa eine untragbare Ehesituation eine stärkere Rhythmusstörung bedeuten als die darauf folgende Scheidung. Ein emotional gut vorbereiteter Urlaubsanfang wird keine Rhythmusstörung bedeuten. Allgemein gesagt treten Rhythmusstörungen gehäuft bei unphysiologischen Dauerbelastungen und bei unregelmäßig eintretenden Belastungssprüngen auf. Wenn Emotionen wie Ärger, Wut oder Angst hinzukommen, ist eine Störung noch wahrscheinlicher.

Die Herzstörungen können in unterschiedlichen Formen auftreten. Sofern sie Reaktionen auf Erlebnisse sind, wird die Form der Herzstörung meist die Form der Erlebnisstörung widerspiegeln. Auf ständig wechselnde Arbeitsrhythmen wird das Herz eher mit Herzstolpern reagieren; auf ständige Hetze sowie in

Schreck- und Gefahrsituationen wird es eher mit Herzrasen reagieren.

Dieser Zusammenhang ist auch von der physiologischen Seite her verstehbar. Auf Schreck-, Angst- und Gefahrsituationen reagiert der sympathische Teil des vegetativen Nervensystems mit gesteigerter Aktivität. Im ersten Teil des Buches haben Sie erfahren, daß dies zu einer Beschleunigung der Herzschlagfolge führt. Im Tierreich ist dieser Vorgang sinnvoll, weil die Tiere in Gefahrsituationen entweder kämpfen oder flüchten, in beiden Fällen also körperlich aktiv werden. Sind ihnen beide Möglichkeiten verwehrt, ergibt sich für ihr Herz eine bedrohliche Situation.

Sie kennen vielleicht die Berichte über gefangene Giraffen, die in engen Käfigen transportiert wurden und in ihren Käfigen einem Herzinfarkt erlagen.

Ähnlich kann es dem im Produktionsmechanismus und im Mehrwertstreben gefangenen Menschen ergehen. Körperliche Flucht und körperlichen Angriff verbietet er sich. In Gefahr- und Angstsituationen führt die körperliche Reglosigkeit zu einem Energiestau. Der ganze Körper wird in Hochspannung versetzt, um die gefahrvolle Lage meistern zu können; die aufgebauten Energien werden aber nicht wieder abgeführt. Dies bedeutet eine starke Belastung für Nerven, Herz und Kreislaufsystem. Situativ erhöhter Blutdruck (labile Hypertonie) und angstbesetzte Herzbeklemmung (Angina pectoris nervosa) sind mögliche Folgen. Das vegetative Nervensystem verengt nämlich in Gefahr- und Angstsituationen die Blutgefäße, versetzt diese also in Spannung, wodurch sofort der Blutdruck steigt. Diese Verengung findet auch in den Blutgefäßen des Herzens, also den Herzkranzgefäßen statt und wird mitunter als Herzbeklemmung erlebt.

Angina pectoris kann auch durch gefäßverengende Substanzen zustande kommen, wie das bei der Gefäßverkalkung geschieht. Sie sollten bei Herzbeschwerden jedenfalls Ihren Arzt konsultieren, damit ein eventueller organischer Befund erhoben und auch von der medizinischen Seite alles Notwendige getan werden kann. Wenn ein Organbefund besteht, können Sie mit

Hilfe des autogenen Trainings die Symptome lindern bzw. abschwächen. Wenn kein Organbefund vorliegt, haben Sie gute Aussichten, allein durch autogenes Training bzw. durch ergänzende Einstellungs- oder Verhaltensänderung die Herzbeschwerden zu beseitigen.

Wir Menschen haben die Möglichkeit, neben den körperlichen auch unsere geistigen und emotionalen Kräfte in Konfliktsituationen einzusetzen. Welche verheerenden Auswirkungen die spezifisch menschlichen Fähigkeiten der geistig-seelischen Flucht und Reglosigkeit haben können, ist im nachfolgenden Schema (Abb. 14) dargestellt. Wie aktive geistige und seelische Verarbeitung, die auch zur Entlastung des Herzens führt, vor sich gehen kann, ist der Darstellung ebenfalls zu entnehmen.

Wichtig ist die wohldosierte, selbstgesteuerte Aktivität, um mit Angst oder sonstigen Problemen fertig zu werden. Wenn Sie auf eine Lösung von außen warten, machen Sie sich manövrierunfähig und hilflos. Sie verurteilen sich selbst zur Tatenlosigkeit. Eine Depression ist nicht selten die nächste Stufe, womit dann tatsächlich Aktionsunfähigkeit verbunden ist. Eine solche Blockade ist auch bei Personen zu beobachten, die sich vor den eigenen aggressiven Impulsen fürchten.

Die Verhaltenstherapie hat Trainingsprogramme entwickelt, um aus den angedeuteten Einbahnstraßen wieder herauszuhelfen. Im ersten der oben beschriebenen Fälle könnte man ein systematisches Aktivationsprogramm durchführen, um die Depressionen zu überwinden; im zweiten Fall könnten situationsentsprechende, nichtaggressive Verhaltensmuster eingeübt werden.

In manchen Fällen psychischer Fehlentwicklungen empfiehlt sich eine psychoanalytische Behandlung. Hierbei wird das Symptom auf nicht bewältigte oder fehlverarbeitete frühere Erlebnisse bezogen und dort aufgearbeitet. Eine Herzneurose kann beispielsweise die Folge nichtgelungener und dann verdrängter Ablösungskämpfe von der Mutter bzw. der Mutterfigur darstellen. Akute Atemnot ist möglicherweise, wie bereits früher dargestellt, eine Folge frühkindlicher Verlassenheitsängste.

	A Flucht	B Bewegungslosigkeit	C Angriff
I. Körperlich	Körperliche Aktivität (Weglaufen)	Körperliche Inaktivität (sich totstellen, sterben)	Körperliche Aktivität (kämpfen, entgegentreten)
II. Geistig	Geistige Abwehr und Rückzug (Verfolgungswahn)	Geistige Blockade (Gedankensperre)	Geistige Verarbeitung (sich bewußt dem Gegenstand der Angst stellen bzw. das Problem analysieren)
III. Seelisch	Seelische Flucht und Vermeidungsversuche (Phobie Zwangsneurose Herzneurose Kopfschmerzen Alkoholismus Asthma Magengeschwür u.a.)	Seelisches Festgefahrensein (Depression)	Emotionale Verarbeitung (sich in die Angstthematik hineinfallen lassen oder sich schrittweise dem Gegenstand der Angst annähern. Mögliche Therapieform: Systematische Desensibilisierung mit Entspannungstraining)

Abb. 14: *Reaktionsmöglichkeiten bei Ängsten und Konflikten (in Klammern stehen jeweils konkrete Beispiele). Die günstigsten Verhaltensweisen sind eingerahmt.*

Solche Begründungen sollten Sie sich selbst gegenüber nicht als Entschuldigung benutzen. Hier geht es überhaupt nicht um Schuldgesichtspunkte. Wichtig ist, daß Sie heute die Verantwortung für das übernehmen, was sich in Ihnen im Laufe der Zeit entwickelt hat. Die Eigenverantwortung mit dem Hinweis auf mißliche Ereignisse in der Vergangenheit abzulehnen, kommt einem Selbstbetrug gleich und führt keinen Schritt weiter. Sobald Sie allerdings gelernt haben, sich selbst zu akzeptieren, sind Sie wieder handlungsfähig, und die psychischen Beschwerden können abgebaut werden.

Bei kleineren Kümmernissen reichen bereits einige wohltuende Worte oder Gedanken, die Sie an andere bzw. an sich selbst richten. Als weitergehenden Appell können die in Versform gefaßten Sätze von H. Götz* angesehen werden:

> Worte,
> die wohltun,
> gehn selten vorbei
> an Herzen,
> die hungernd nach
> Güte
> sich sehnen.
>
> Weshalb
> werden sie nur
> an Gräbern
> verteilt?
>
> Die Stunde vergeht –
> das Leben enteilt!

Sie können diese Stunde als erste Stunde Ihres verbleibenden Lebens nutzen und dann auf ganzheitlich abgesicherter Grundlage eine erlebnis- und verhaltensändernde psychotherapeutische Technik erlernen: das autogene Training.

Herzübung

Zwischen Herz und Atmung besteht ein enger Funktionszusammenhang: Bei Atembeschleunigung schlägt das Herz

---

* H. GÖTZ: Schusterkugelspiele (Nürnberg, 1970)

schneller und bei Atemberuhigung schlägt es langsamer. Diesem Zusammenwirken haben wir in der Reihenfolge der Übungen Rechnung getragen. Üblicherweise wird die Herzübung vor der Atemübung gelernt. Durch die Umkehrung der Reihenfolge erreichen wir jedoch bereits vor Einüben der Herzformel durch die Atemübung einen positiven Einfluß auf die Herzfunktion. Die üblicherweise schwer erlernbare Herzübung wird infolge der Umstellung leichter erlernt.

Bei der Durchführung der Herzübung stellen Sie sich direkt auf das Herz ein. Nehmen Sie den Herzschlag wahr und versuchen Sie mitzuschwingen. Bei dieser Übung können Sie sich ähnlich wie bei der Atemübung auf die jeweils vorhandene Herzschlagfolge einstellen und dann die Formel denken *Das Herz schlägt ruhig und regelmäßig* bzw. *Das Herz schlägt ruhig und gleichmäßig.*

Bei besonders ängstlichen Personen kann bereits der Gedanke an das Herz zu unangenehmen Herzempfindungen führen. Sollten bei Einstellung auf das Herz Angstgefühle oder Herzrasen auftreten, empfiehlt es sich, die Aufmerksamkeit zunächst vom Herzen wegzulenken. Konzentrieren Sie sich in einem solchen Fall zunächst auf den Pulsschlag und üben Sie mit der Formel *Der Puls geht ruhig und regelmäßig.* Nach etwa zwei Wochen probieren Sie die Herzformel und stellen fest, ob sich die Herzängstlichkeit bereits gelegt hat. Über die Zwischenstufe »Pulsschlag« treten in den meisten Fällen nach einigen Wochen keinerlei unangenehme Herzempfindungen mehr auf.

Die meisten Übenden spüren während der ersten Beschäftigung mit der Herzübung einen verstärkten, manchmal lauteren oder kräftigeren Herzschlag. Diese Wahrnehmung ist bei nichtherzängstlichen Menschen eine Wahrnehmungstäuschung. Nur bei Herzphobikern kommt es durch die Angsteinwirkung zu Herzschlagsbeschleunigung oder Herzbeklemmung. Alle übrigen haben durch die intensive Einstellung auf das Herz den Eindruck, daß das Herz kräftiger schlage. Diese Erfahrung können Sie übrigens an vielen Körperstellen machen: Wenn Sie sich auf den Pulsschlag im Arm konzentrieren, werden Sie diesen nach kurzer Zeit spüren bzw. stärker spüren als vorher. Das gleiche gilt für Wunden, auf die Sie die Aufmerksamkeit lenken: Sie schmerzen bzw. schmerzen mehr als vorher, ohne daß sich an der betreffenden Stelle, außer der vermehrten Aufmerksamkeit und der damit verbundenen Nervenaktivitäten, irgend etwas geändert hätte.

Das Gefühl der verstärkten Herzaktivität ist kaum unangenehm und nach ein bis zwei Tagen wieder verschwunden. Sobald Sie sich an die konzentrative Einstellung auf das Herz gewöhnt haben und der Neuheitseffekt verschwunden ist, erleben Sie Ihren Herzschlag wieder neutral.

Die Herzübung kann praktisch jeder durchführen, der nicht über das eben geschilderte Maß hinaus unangenehme Herzempfindungen verspürt. Früher war man nach Herzinfarkten mit der Herzübung recht zurückhaltend. Die positiven Erfahrungen von Patienten mit frischen Herzinfarkten, die diese gerade mit der Herzübung gemacht haben, hat uns von einer Wartezeit zwischen Herzinfarkt und autogener Herzübung abrücken lassen. Nur wenn ängstliche Gefühle auftreten, sollten Sie, wie bereits geschildert, über die Pulsübung zur Herzübung gelangen. In jedem Fall sollten Sie Ihre Empfindungen und Wahrnehmungen mit Ihrem Trainer besprechen, um sicher zu sein, daß Sie in Ihrem Training keine Fehler machen. Mögliche Fehler kann Ihr Trainer aus Ihren Erlebnisberichten ablesen.

Mit Hilfe der Herzübung können Sie am nachhaltigsten auf die Blutdruckverhältnisse einwirken. Alle Übungen wirken vom Kreislauf her gesehen blutdrucksenkend, besonders intensiv die Wärme- und die Herzübung.

Wie wichtig für Klienten mit labilen Blutdruckverhältnissen ein Entspannungsverfahren ist, zeigen die systematischen Streßuntersuchungen von F.-L. Schmidt* und seinen Mitarbeitern. Sie simulierten mit Hilfe des Wiener Determinationsgerätes Streßsituationen und beobachteten dabei die psychischen und körperlichen Reaktionsweisen. Eine extreme Blutdruckreaktion zeigt die Abb. 15. Dabei ist zu beachten, daß selbst unter Belastungsbedingungen die Grenzwerte von 160 (systolisch) und 95 (diastolisch) nicht überschritten werden sollen.

---

* Auswirkungen des psychovegetativen Streß auf verschiedene Kreislaufparameter; in: Kongreßbericht »Herzinfarkt-Rehabilitation«, Bad Rothenfelde, 1975

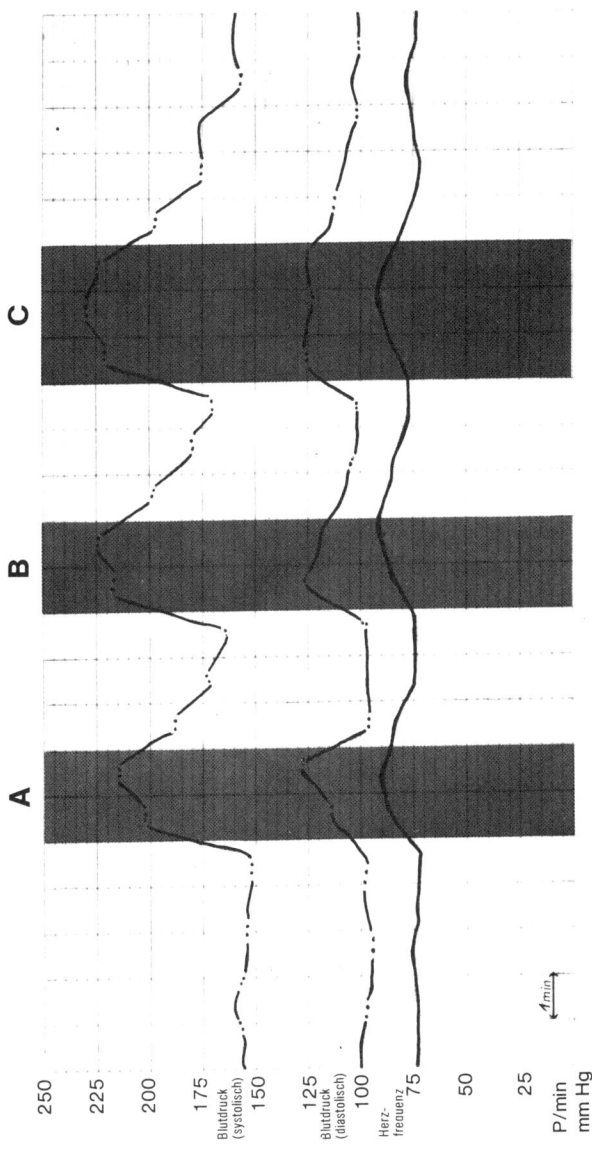

Abb. 15: Herzfrequenz (——) und Blutdruckverhältnisse (·········) in künstlich erzeugten Streßsituationen (↓A↑ ↓B↑ ↓C↓).
Von einem Ausgangswert von 75 Herzschlägen pro Minute steigt die Herzfrequenz unter emotionaler Belastung auf einen
Höchstwert von 93 Schlägen pro Minute an. Der Blutdruck liegt zunächst bei 155/95, während der Streßbelastung steigt
er auf einen Höchstwert von 230/125.

Blutdruckwerte, die unter Streßbedingungen über einen Wert von 160/95 hinaus ansteigen, sind krankhaft und somit behandlungsbedürftig. Die wirksamste Behandlungsform ist das Erlernen und die Anwendung eines Entspannungsverfahrens.

Bei erhöhtem und bei normalem Blutdruck benutzen Sie zur Herz- und Blutdruckregulierung die Standardformel *Das Herz schlägt ruhig und regelmäßig (bzw. gleichmäßig)*. Sollten Sie jedoch unter einem zu niedrigen Blutdruck (Hypotonie) leiden, benutzen Sie zur Kreislaufregulierung die herzaktivierende Formel *Das Herz schlägt ruhig und kräftig*. Sie haben damit die Möglichkeit, Herzfrequenz und Blutdruck, die durch die übrigen Übungen absinken, wieder anzuheben. Sie sollten die anregende Herzübung stets durchführen, wenn Sie die Ihnen bekannten Anzeichen des zu niedrigen Blutdrucks, z. B. Schwindelgefühle, bemerken. Die herzaktivierende Formel sollten nur diejenigen benutzen, deren Blutdruck ständig oder sporadisch unter den Wert von etwa 110 systolisch absinkt.

Es ist nicht unbedingt notwendig, daß Sie Ihre eigenen Blutdruckwerte in Ruhe- und Belastungssituationen kennen. Sie können immer die Herzstandardformel benutzen, solange Sie bei der Übung keine unangenehmen Empfindungen bekommen. Sollte dies doch einmal der Fall sein, können Sie immer noch überprüfen, ob dies mit einem zu niedrigen Blutdruck zusammenhängt. An Hypotonie leiden etwa 15 % der Bevölkerung; die meisten davon sind sich dessen bewußt. Die Hypertoniker (Personen mit hohem Blutdruck) sind wesentlich zahlreicher. Von dieser Gruppe wissen die meisten nicht um ihre Hypertonie und sehen von daher keine Notwendigkeit, ein Entspannungsverfahren zu erlernen.

Sie können sich jetzt wieder Ihrem Training zuwenden.

Nehmen Sie eine möglichst bequeme Haltung ein. Kontrollieren Sie, ob die Schultermuskeln spannungsfrei sind. Stellen Sie sich auf ein beruhigendes Bild oder gleich auf den rechten Arm ein. Denken Sie sich in Ihren rechten Arm hinein. *Der rechte Arm ist ganz schwer . . . Der rechte Arm ist ganz schwer, bleischwer . . . Ich bin ganz ruhig . . . Der rechte Arm ist wohlig warm . . . Der rechte Arm ist angenehm warm, wohlig warm . . .*

Ich bin ganz ruhig ... Die Atmung ist ganz ruhig, es atmet mich ... Die Atmung ist ganz ruhig, es atmet mich ... Ich bin ganz ruhig ... Das Herz schlägt ruhig und regelmäßig ... Das Herz schlägt ruhig und regelmäßig ...

Nach einigen Minuten stellen Sie sich darauf ein, die Schwereempfindung wieder zurückzunehmen.

Arme fest – Augen auf – tief durchatmen.

Zur bildhaften Unterstützung der Herzübung können Sie sich dabei ein Pumpsystem vorstellen. Sollte Ihnen diese Vorstellung nicht angenehm sein, stellen Sie sich auf ein ruhiges, gleichmäßiges technisches Prinzip ein, z.B. auf einen Ziehbrunnen oder auf eine Dampfmaschine. Sie können auch weiterhin die unterstützenden Bilder, die Sie von der Atemübung her kennen, benutzen.

Erfolgskontrolle

Die empfindungsmäßige Erfolgskontrolle der Herzübung ist ähnlich schwierig wie die der Atemübung. Wenn das Herz bereits vor der Übung ruhig und regelmäßig schlägt, können Sie keinen zusätzlichen Effekt wahrnehmen, zumal durch die vorangehenden Übungen die Herzfrequenz bereits gesenkt wurde. Die zusätzliche Frequenzsenkung beträgt in solchen Fällen einige wenige Schläge pro Minute; diesen geringen Unterschied können Sie kaum wahrnehmen. Aus einer bereits ruhigen Ausgangssituation heraus werden Sie bei der Herzübung Ihr Herz also nicht spüren. Wahrnehmbar ist allerdings eine allgemeine weitere Entspannung und Lösung, besonders im Brustbereich.

Bei hämmerndem oder unregelmäßig schlagendem Herzen werden Sie in den ersten ein bis zwei Übungswochen noch keine Änderungen feststellen. Durch beharrliches Training können Sie danach eine Normalisierung und ein Absinken der Herzfrequenz erreichen.

In einem Erlebnisprotokoll heißt es hierzu: „Nun Konzentration auf das Herz. *Das Herz schlägt ruhig und regelmäßig.* Ich fühl's in den Armen und in der Brust. Es ist wie das Pochen des Blutes. Die Bilder vermischen sich mit der Vorstellung des in der Brust schlagenden Herzens. Immer ruhiger, immer langsamer. Es ist wie ein Frohlocken, immer langsamer ...

Da klopft es an der Zimmertür. Die Schwester bringt neue Termine. Langsam komme ich wieder zu mir. Nachdem sie gegangen ist, zähle ich neugierig meinen Puls. Es sind 48 Schläge in der Minute. Vor der Übung hatte ich 70 – 80 Schläge/Min. gezählt. Ich fühle mich außerordentlich erfrischt und trotzdem ruhig und ganz entspannt."

Hat dieser Erlebnisbericht bei Ihnen die Frage aufgeworfen, wie weit Sie die Herzfrequenz senken können? Damit keine unnötigen Ängste entstehen, hier die Antwort: Autosuggestiv können Sie sowohl die Herz- als auch die Atemfrequenz nur so weit senken, wie der Organismus ausreichend mit Sauerstoff versorgt wird. Würden Sie versuchen, gewaltsam die Frequenz noch weiter zu senken, käme es zu Mißempfindungen wie Schwindelgefühlen und schließlich zu Ohnmachtszuständen. Damit wäre die Autosuggestion ausgeschaltet und die unwillkürlichen Körperfunktionen würden sich wieder von selbst einregulieren.

So weit sollten Sie es natürlich nicht kommen lassen. Wenn Sie im Gedächtnis behalten, daß Sie wohlige und angenehme Empfindungen erzeugen wollen, können Sie kaum zu weit gehen. Eine besonders gute Erfolgskontrolle haben Sie, wenn vorhandene Herzbeschwerden durch Anwendung von autogenem Training nach wenigen Sekunden geringer werden und dann verschwinden. Wenn Herzbeschwerden in der Zukunft gar nicht mehr auftreten, können Sie dies als Ergebnis Ihrer Übungen und Ihrer Auseinandersetzung mit sich selbst werten.

Eine Klientin schreibt vier Monate nach Trainingsbeginn: »Meine Herzrhythmusstörungen sind nach dem AT-Seminar behoben. Ich nehme auch keine Medikamente mehr ein.«

An solche Fortschritte der Symptombeseitigung oder der Beschwerdenlinderung sollten Sie sich ruhig ab und zu erinnern, besonders in Situationen, in denen andere Beschwerden auftreten und Sie an Ihrem Körper verzweifeln möchten. Freuen Sie sich dann über alle noch ungestörten Körperfunktionen! Angesichts der Kompliziertheit der funktionellen Wechselbeziehungen im Organismus ist es schon erstaunlich, welche

110

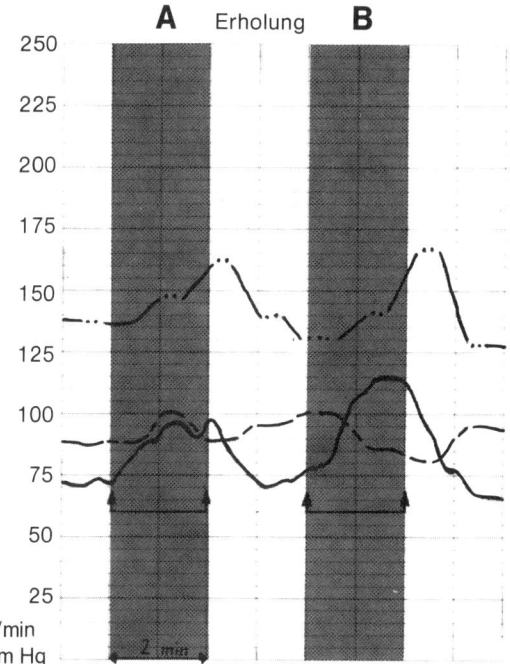

Abb. 16: *Bei Programm A und B beschleunigt die Versuchsperson willkürlich ihre Atmung. Es zeigt sich nach einer zeitlichen Verzögerung ein starker Anstieg der Herzfrequenz (durchgezogene Kurve). Der Blutdruck (obere Kurve systolisch, untere Kurve diastolisch) steigt auch nach Ende des Programms B weiter an, um sich nach etwa 1 Minute wieder zu normalisieren.*

physischen und psychischen Belastungen der Mensch aushalten kann, ohne daß größere Funktionsstörungen auftreten. Die heute häufige Belastungsvielfalt erfordert es allerdings, für das ungestörte Funktionieren durch Konfliktbearbeitung und Entspannungsübungen selbst etwas zu tun.

Welche Auswirkungen Überatmung, Konflikte und Streß auf die Herzfrequenz und auf die Blutdruckverhältnisse haben, zeigen die Abbildungen 16–19. Sie können dort ebenfalls ablesen, welche Änderungen Sie durch Anwendung des autogenen Trainings erreichen können.

Zumindest für die Herzfrequenz können Sie diese Kontrolle durch Pulsmessung selbst durchführen.

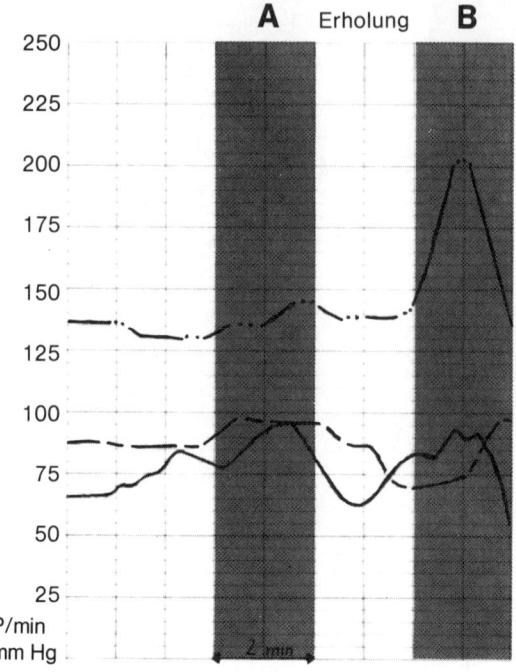

Abb. 17: Bei Programm A und B wurde die Versuchsperson gebeten, sich zwei persönliche Konflikte möglichst intensiv vorzustellen. Während der Vorstellung des ersten Erlebnisses steigt lediglich die Herzfrequenz in größerem Ausmaß an. Bei der Vergegenwärtigung des zweiten Konfliktes steigt auch der obere, systolische Blutdruckwert extrem stark an.

Anwendungsbereiche der Herzübung

Die Herzübung kann bei allen Formen von Herz- und Kreislaufstörungen angewendet werden. Sofern organische Befunde vorliegen, können Sie mit Hilfe der Herzübung eine Linderung der Beschwerden erreichen. Sofern es sich um Funktionsstörungen handelt, ist es möglich, die Beschwerden auf Dauer gesehen ganz zu beseitigen.

Sympathikotoniker, d.h. Personen, deren sympathisches Nervensystem erhöht erregbar ist und bei denen sich Verkrampfungen vorrangig in der Herzgegend bemerkbar machen, haben gute Aussichten, ihren Herzdruck bzw. ihre Herzbeklemmung zu

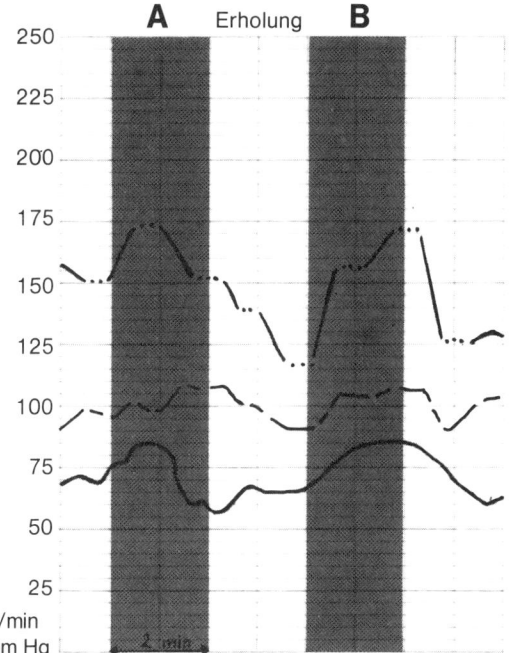

Abb. 18: Mit Hilfe eines Determinationsgerätes wurden bei einem Klienten vor Beginn des Entspannungstrainings zwei Streßprogramme A und B durchgeführt. Systolischer und diastolischer Blutdruck steigen während der Streßbelastung auf pathologische Werte.

beseitigen. Diese Symptome lassen sich entsprechend ihrer Herkunft entweder lindern oder vollkommen beseitigen; das gleiche trifft für den Bluthochdruck zu. Mit einer abgewandelten Herzformel können Sie auch niedrigen Blutdruck positiv beeinflussen.

Ein Trainierender berichtet: »Anfangs hatte ich einige Schwierigkeiten mit den Übungen. Seitdem ich jedoch die Herzformel für niedrigen Blutdruck verwende, kann ich sogar Schlaffheits- und Schwindelgefühle damit beseitigen.«

Es ist auch möglich, Herzrasen und Herzstolpern mit der Herzübung zu beseitigen, besonders wenn die Störungen durch Hetze, Aufregung und Erschrecken oder ähnliche Rhythmusstörungen entstanden sind.

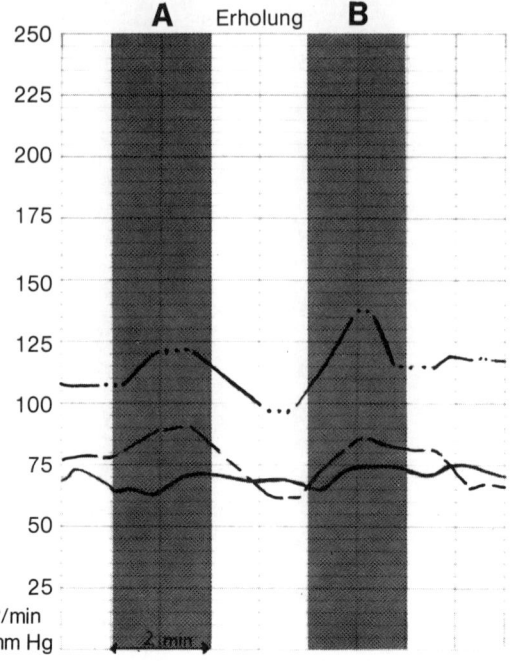

Abb. 19: Zwei Wochen nach Beginn des Entspannungstrainings wurde bei demselben Klienten (Abb. 18) eine Kontrolluntersuchung durchgeführt. Der Blutdruck steigt während der Streßprogramme noch leicht an, es werden jedoch weder systolisch noch diastolisch pathologische Blutdruckwerte erreicht.

Nach körperlichen Anstrengungen können Sie die Normalisierung von Atmung und Herzfrequenz mit autogenen Übungen unterstützen. Wenn Sie sich körperlich zuviel zugemutet haben und mit Herzbeschwerden reagieren, verhilft die Anwendung der Herzübung zu einer rascheren Normalisierung des Herzschlages. Natürlich trifft dies auch auf sportliche Belastung zu. Ein Trainierender schreibt: »Ein für mich verblüffendes Erlebnis hatte ich, als ich Ostern im Harz beim Skilaufen während des Bergansteigens außer Atem kam und mit verstärktem Herzklopfen stehenblieb. Ich wendete sofort die Atem- und Herzübungen an, und ganz schnell wurde der Herzschlag ruhig und gleichmäßig.«

Die Herzübung sollte möglichst schon als vorbeugende Maßnahme erlernt werden und zur Prophylaxe von Herz-Kreislauf-
Erkrankungen durchgeführt werden. In der Rehabilitation bereits vorhandener Leiden ist diese Übung auch unverzichtbar,
jedoch kann durch die Herzübung kein Herzinfarkt rückgängig
gemacht werden. Die organische Schädigung ist und bleibt vorhanden. Mit Hilfe des autogenen Trainings können in solchen
Fällen lediglich Folgeschäden gelindert oder aufgefangen werden, die z. B. durch Angst zustande gekommen sind.

Die blutdrucksenkende Wirkung des autogenen Trainings zeigt
der Bericht eines 52-jährigen Klienten recht deutlich: »Was in
Jahren mit Pillen und Tropfen nicht gelang, habe ich mit dem
autogenen Training innerhalb eines halben Jahres geschafft. Mein Blutdruck schwankte trotz verschiedener Medikamente im oberen Wert zwischen 160 und 190 und im unteren
zwischen 110 und 130. Ich nehme heute kein einziges blut-
drucksenkendes Medikament mehr ein und habe seit Wochen
130/90.«

5. Seminarstunde: Magen-Darm-Bereich

Psychosomatik des Magens und des Darms

Das Gespür für die engen Wechselwirkungen von Psyche und Magen-Darm-Funktionen ist im Menschen tief verwurzelt. Diesbezügliche Redewendungen werden mit sicherem Blick für die Zusammenhänge benutzt. Wir sprechen vom Ärger, der auf den Magen schlägt; Angst und Streß können den Magen zuschnüren; Sorgen, unerledigte Konflikte und Streitigkeiten liegen schwer im Magen; ein beruflicher Rückschlag oder ein sonstiges Frustrationserlebnis kann nicht verdaut werden und liegt wie ein Stein im Magen.

Diese im Volksmund bekannten Zusammenhänge wurden in den letzten Jahrzehnten von Medizinern und Psychologen untersucht und voll bestätigt.

Physiologisch gesehen handelt es sich um eine Überaktivität des parasympathischen Nervensystems und um eine vermehrte Produktion von Salzsäure und Pepsin im Magen.

Normalerweise werden diese Reaktionen bei der Speiseaufnahme hervorgerufen. Auch der Anblick von Speisen setzt diesen Prozeß in Gang. Das Wasser, das im Mund zusammenläuft, ist dafür ein deutliches Zeichen.

Der russische Forscher J. P. PAWLOW wies bereits um die Jahrhundertwende die Speichelsekretion beim Anblick von Futter auch bei Hunden nach. In seinen weiteren Untersuchungen verband er mit dem Zeigen des Futters einen Glockenton. Nachdem er mehrmals zusammen mit der Futterdarbietung eine Glocke ertönen ließ, bot er nur noch den Glockenton. Interessanterweise setzte die Speichelsekretion auch beim bloßen Glockenton ein. Futter brauchte nicht vorhanden zu sein. Dieser Nachweis führte zur Formulierung des fundamentalen

Lerngesetzes der klassischen Konditionierung: Vormals neutrale Reize (Glockenton) lösen nach Assoziation (Kopplung) mit einem unbedingten Reflex (Futteranblick – Speichelsekretion) die Reaktion (Speichelsekretion) auch ohne Anwesenheit des unkonditionierten Reizes (Futter) aus. Der Glockenton ist der konditionierte Reiz, die darauffolgende Speichelsekretion die konditionierte Reaktion.

1) Hungriger Hund sieht Futter ⇨ Speichelsekretion
2) Futter sehen und Ton hören ⇨ Speichelsekretion
3) Ton hören ⇨ Speichelsekretion

Dieses Nahrungsbeispiel kann ohne weiteres auf den Menschen übertragen werden. Mit der Nahrung kann etwa das Wort »lecker« assoziiert werden. Auf diese Weise kann die Mutter dem Kind sogar weniger bevorzugte oder ungewohnte Speisen schmackhaft machen.

1) Kind sieht Nahrung ⇨ Speichelsekretion
2) Nahrung sehen und »lecker« hören ⇨ Speichelsekretion
3) »lecker« hören ⇨ Speichelsekretion
4) Ungewohnte Nahrung sehen und »lecker« hören ⇨ Speichelsekretion

Mit dem Füttern wird auch der Körperkontakt, die Zuwendung und ein Geborgenheitsgefühl verbunden. Diese Verknüpfung bleibt über die Kleinkindphase hinaus bestehen. Dem jungen Mann läuft beim Anblick eines netten Mädchens das Wasser im Munde zusammen, und wenn er sich verliebt, hat er die Freundin zum Fressen lieb, was nicht als kannibalischer Wunsch zu verstehen ist.

Auch Magensekretionen treten dabei auf; sie halten sich jedoch in einem solchen Rahmen, daß sie den Magen nicht schädigen. Zu einer schädlichen Säurekonzentration kann es kommen, wenn der junge Mann ständig zurückgewiesen wird und er seine Zuwendungswünsche nicht anderweitig erfüllt.

Magengeschwüre finden sich gehäuft bei Personen, die Frustrationen im Zuwendungs- und Zuneigungsbereich erleiden. Hierbei kann es sich um verdrängte Anlehnungswünsche handeln oder um die Sehnsucht nach Sicherheit, Ruhe, Hilfe und Geborgenheit. Aus psychoanalytischer Sicht wurden diese Wünsche oder Bedürfnisse in der Kindheit nicht genügend erfüllt. Es besteht ein Nachholbedarf. Das Defizit wird auf neurotische Weise, z. B. durch Anklammerung, auszugleichen versucht.

Lerntheoretisch werden Verhaltensmuster angewendet, die aus früheren Entwicklungsstufen stammen und im Erwachsenenalter inadäquat sind.

Damit keine Mißverständnisse entstehen: Zuneigung braucht jeder Mensch, nur die Form und die Mittel sind in den einzelnen Lebensphasen unterschiedlich. Ein Erwachsener sollte geeignete Techniken entwickelt haben, um unumgängliche Frustrationen leichter verkraften zu können.

Zwölffingerdarmgeschwüre hängen nach psychoanalytischer Auffassung mit Schuldgefühlen zusammen. Sie sollen auf der oralaggressiven Entwicklungsphase basieren. In den Lebensgeschichten der Patienten lassen sich oft Konflikte zwischen Abhängigkeitswünschen von bestimmten Bezugspersonen und gleichzeitigem Selbständigkeitswunsch finden.

Dickdarmgeschwüre finden sich gehäuft bei Personen, deren Reinlichkeitserziehung forciert vorangetrieben wurde. Sie sind oft interessenlos und engen ihre Sozialkontakte auf ein Minimum ein. Der Gefühlsbereich ist oft blockiert und unzugänglich.

Harter Stuhl und Verstopfung finden sich besonders bei pessimistischen Menschen, die zusätzlich mißtrauisch sind. Sie befürchten, von ihren Mitmenschen enttäuscht oder zurückgewiesen zu werden. Sie behalten deshalb alles für sich und können schwer etwas abgeben oder teilen. Dieses Ausgangsverhalten führt oft zu Kontaktschwäche, sozialen Hemmungen, Prüderie und Impotenz.

Psychopharmaka können hier kaum Hilfe bringen. Auch Abführmittel bringen nur zusätzliche Unordnung in die Darmfunktion.

A. T. W. Simeons legt dar, daß die Betroffenen meist aus Angst vor Körperschädigung Abführmittel benutzen und daß sie getrost warten sollten, bis die Entleerung unwillkürlich einsetzt. Eine begrenzte Symptombehandlung wäre Flickwerk. Der Mensch als Ganzes ist erkrankt, nicht nur ein Teil oder eine Funktion von ihm. Folglich muß der Mensch als Ganzes behandelt werden.

Das gleiche trifft für Patienten mit Darmentzündungen und Durchfällen zu. Zu Durchfällen kommt es gehäuft vor Bewährungssituationen, besonders, wenn diese mit Versagensbefürchtungen verknüpft sind. Menschen, die unter Darmentzündungen leiden, zeigen oft eine unterwürfige Geberhaltung und Demutsgebärden vor Autoritäten. Nicht ausgetragene Aggressionen, Unsicherheiten und Erwartungsängstlichkeit können hinzukommen. Ein verhaltenstherapeutisches Selbstbehauptungstraining ist im Einzelfall zusätzlich zum autogenen Training angezeigt.

Die übrigen Leiborgane stehen natürlich auch im psychosomatischen Wechselwirkungskreis. Denken Sie nur an die volkstümlichen Ausdrücke wie »Ihm ist eine Laus über die Leber gelaufen« oder »Mir läuft die Galle über«. In diesen beiden Ausdrücken wird auch die Rückwirkung des Körperlichen auf das Psychische sichtbar. Dies sollte stets mitgesehen werden, wenn die Wirkung des Psychischen auf das Körperliche dargestellt wird.

Ich möchte an dieser Stelle auf eine Tendenz hinweisen, über die Ärzte und Psychotherapeuten betroffen sind: Klienten mit psychosomatischen Beschwerden neigen oft zur Bagatellisierung der psychischen Seite ihrer Erkrankung. Sie wollen als »Organpatienten« angenommen und behandelt werden. Sie vertun damit die Chance einer ganzheitlichen Heilung. Wenn der Magen herausoperiert ist, können sie logischerweise keine Magengeschwüre mehr bekommen. Wenn allerdings die Konfliktlage nicht bearbeitet ist, treten mit großer Wahrscheinlichkeit andere Komplikationen auf, z.B. Zwölffingerdarmgeschwüre. Medikamentöse Behandlung kann nur vorübergehende Linderung bringen.

Einige Therapiemöglichkeiten, um den sonst schließlich unvermeidbaren chirurgischen Eingriff zu verhindern, haben wir angedeutet. Einen wichtigen Stützpfeiler für Ihre seelisch-körperliche Gesundheit schaffen Sie sich durch das Erlernen des autogenen Trainings.

Sonnengeflechtübung

In der altertümlichen Seelenauffassung wurde der Sitz der Seele in der Magengegend angenommen. Mit großer Wahrscheinlichkeit war das Nervengeflecht gemeint, das im lateinischen *Plexus solaris* und im deutschen *Sonnengeflecht* genannt wird. Die Boxer kennen diese Stelle als *Solar plexus;* sie achten sehr darauf, daß diese Stelle vom Gegner nicht getroffen wird, weil sie sonst unweigerlich zu Boden gehen würden. Es handelt sich beim Sonnengeflecht um eine Konzentration von Nervenbahnen. Sie können sich das folgendermaßen vorstellen: Aus dem Oberkörper läuft eine Vielzahl von vegetativen Nerven in den Leibbereich. Sie vereinigen sich zu einem Nervengeflecht, in dem sich Nervenschaltstellen in größerer Anzahl befinden. Von hier aus laufen die Nerven auseinander, um zu ihren Erfolgsorganen im unteren Körperbereich weiterzuführen. Das Nervenbündel hat das Aussehen eines strahlenförmigen Geflechtes. Der Begriff *Sonnengeflecht* gibt das Erscheinungsbild sehr plastisch wieder. Die Nervenbahnen, die im Bereich des Sonnengeflechts zusammengefaßt werden, führen zu fast allen Organen im unteren Körperbereich weiter.

Hierzu gehören: Magen, Zwölffingerdarm, Dünndarm, Dickdarm, Leber, Galle, Bauchspeicheldrüse, Milz und Nieren. Dies hat den Vorteil, daß Sie im autogenen Training nicht für jedes dieser Organe eine spezielle Übung zu erlernen brauchen. Grundsätzlich wäre das möglich, es ist jedoch einfacher und effektiver, über die Beeinflussung des Sonnengeflechts die genannten Organe zu erreichen.

Um das Sonnengeflecht autosuggestiv beeinflussen zu können, sollten Sie sich zunächst eine Vorstellung davon machen, wo das Zentrum dieses Geflechtes liegt.

Die Vertiefung am unteren Ende des Brustbeins können Sie

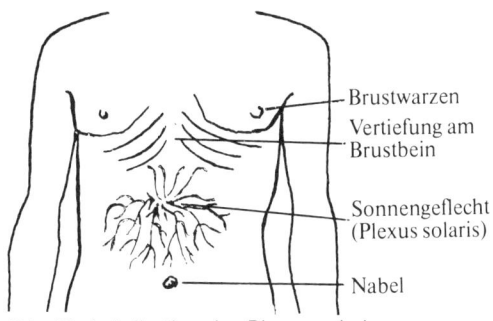

Abb. 20: Lokalisation des Plexus solaris

leicht finden, wenn Sie den Punkt zwischen den beiden Brustwarzen aufsuchen und dann mit dem Finger einige Zentimeter nach unten gleiten. Bleiben Sie mit einem Finger an dieser Stelle und legen Sie einen Finger der anderen Hand auf den Nabel. Versuchen Sie nun, möglichst genau den dritten Punkt auszumachen, der auf halber Strecke zwischen den beiden anderen Punkten liegt. Er bezeichnet das im Körperinneren liegende Zentrum des Sonnengeflechts. Es geht jetzt nur noch um diesen Punkt. Legen Sie eine Hand oder einen Finger auf diese Stelle und spüren Sie, wie der Druck sich bis zur Mitte des Körpers, bis hinter den Magen ausbreitet: Dort befindet sich die größte Konzentration des Sonnengeflechts.

Bei der Übung stellen Sie sich auf diese Stelle ein und denken dabei die Formel *Das Sonnengeflecht ist ruhig und strömend warm.* Die Autosuggestion der strömenden Wärme kann bildhaft unterstützt werden. Stellen Sie sich vor, wie Wärme aus dem Oberkörper im Sonnengeflecht zusammenströmt und nach unten ausstrahlt. Sie können sich das Sonnengeflecht auch als eine Sonne vorstellen, die Wärme nach unten abstrahlt. Auch die Einstellung auf ein Strömen von Wärme um das Sonnengeflecht herum ist möglich; dabei sollten Sie allerdings darauf achten, daß Sie sich auf eine Kreisbewegung im Uhrzeigersinn einstellen. Äußere Wärmebilder, etwa die Vorstellung einer auf dem Bauch liegenden Wärmflasche, können ebenfalls nützlich sein. Vielleicht fallen Ihnen noch andere Bilder ein.

Beginnen Sie nun mit den Übungen, indem Sie sich auf Ihren

rechten Arm einstellen und die erste Formel denken, die Sie dann einige Male wiederholen. *Der rechte Arm ist ganz schwer...* *Der rechte Arm ist ganz schwer...Ich bin ganz ruhig...Der rechte Arm ist wohlig warm...Der rechte Arm ist wohlig warm...Ich bin ganz ruhig...Die Atmung ist ganz ruhig, es atmet mich... Die Atmung ist ganz ruhig, es atmet mich...Ich bin ganz ruhig... Das Herz schlägt ruhig und regelmäßig...Das Herz schlägt ruhig und regelmäßig...Ich bin ganz ruhig...Das Sonnengeflecht ist ruhig und strömend warm...Das Sonnengeflecht ist ruhig und strömend warm...Das Sonnengeflecht ist ruhig und strömend warm...*

Zum Abschluß benützen Sie wieder die Rücknahmeformel *Arme fest, Augen auf, tief durchatmen.*

Sollte es Ihnen nicht gelungen sein, die Stelle hinter dem Magen, wo sich das Sonnengeflecht befindet, vorstellungsmäßig zu finden, bieten sich folgende Hilfsmittel an: Sie können zu Beginn der Übung mit den Fingern einen Druckreiz auf den Bauch ausüben oder einen leichten Gegenstand auf die Stelle zwischen Brustbein und Nabel legen und dem Druck zur Mitte des Körpers folgen. Auch ein Heizkissen kann gute »Pfadfinderdienste« leisten. Es empfiehlt sich allerdings, diese äußeren Hilfsmittel nur so lange zu benutzen, bis Sie die Stelle rein konzentrativ, also ohne diese äußeren Hilfen, erspüren können.

Erfolgskontrolle

Für die meisten Trainierenden ist die Sonnengeflechtübung die schwierigste, und es dauert am längsten, bis sich Erfolge einstellen. Sie können mit einer durchschnittlichen Erlerndauer von etwa einem Monat rechnen. Diejenigen, denen Druckreiz keine unangenehme Empfindung im Bauchbereich auslöst, brauchen noch länger. Die übrigen, die einen Druckreiz als schmerzhaft empfinden, werden eher zu Ergebnissen kommen. Bei den zuletzt Genannten liegen mehr Magen-Darm-Störungen vor, so daß wegen der größeren Kontraste, die durch die Entspannung zustande kommen, eher Erfolge spürbar werden. Ein Klient mit Verdauungsbeschwerden berichtet: »Bei der vierten Durchführung der Übung verspürte ich eine Wärmewirkung über die Bauchdecke des Unterleibes gehen. Danach kam es zu einem Gluckern im Bauch.«

Damit sind die häufigsten Erfolgsempfindungen bereits angesprochen. Die Wärme ist zunächst nur als Vorbeihuschen einer wohligen Wärme spürbar. Mit zunehmender Übung kann die Wärme auch festgehalten werden. Sie wird in Richtung Bauchdecke spürbar oder breitet sich vom Körperzentrum in den Unterleib aus. Manche spüren eine Wärmezirkulation, die auf eine bessere Durchblutung der Bauchorgane hinweist.

Trainierende mit Darmbeschwerden werden während der Übungen nach kurzer Zeit ein verstärktes Gluckern und Kullern im Magen-Darm-Bereich bemerken. Diese kullernden Darmgeräusche sind ein deutlicher Hinweis auf eine Vagusaktivierung beim Sympathikotoniker. Umgekehrt wird eine überhöhte Vagusaktivität durch die Sonnengeflechtübung in Richtung der Normalfunktion einreguliert. Die Übung wirkt also bei den beiden Regulationstypen unterschiedlich und kann sowohl bei Darmverstopfung als auch bei situationsbedingtem Durchfall mit Erfolg angewandt werden.

Die beste Erfolgskontrolle haben Sie, wenn die vorher vorhandenen Beschwerden nachlassen und schließlich verschwinden. Bevor dieses Endresultat erreicht wird, muß intensiv geübt werden. Denken Sie stets daran: Vor der Anwendungsphase liegt die Übungsphase. Ohne ausreichende Übung können sich höchstens kurzfristige Erfolge einstellen. Wichtiger sind die überdauernden Erfolge.

Anwendungsbereiche der Sonnengeflechtübung

Wie Sie im Absatz über Psychosomatik des Magen-Darm-Bereichs erfahren haben, gibt es für Störungen in diesem Bereich verschiedene psychologische Hintergründe. Die Verarbeitung noch unbewältigter Erlebnisse ist in allen Fällen anzustreben. Als flankierende und unterstützende Maßnahme kann das autogene Training eingesetzt werden.

Sollte bei Ihnen lediglich eine allgemeine vegetative Übererregbarkeit vorliegen, die sich besonders im Magen-Darm-Gebiet manifestiert, kann die alleinige Anwendung von autogenem Training zu guten Erfolgen führen. In den meisten Fällen spiegeln die körperlichen Beschwerden jedoch die seelischen Probleme, so daß die Konfliktbearbeitung unerläßlich ist.

Zu den Beschwerden, die Sie mit der Plexusübung des autogenen Trainings beeinflussen können, gehören praktisch alle Unregelmäßigkeiten im unteren Körperbereich. Im einzelnen seien genannt: Magendruck, Magenstechen, Völlegefühl, Aufstoßen, Sodbrennen, Magenschleimhautentzündung, Magengeschwüre, Darmbeschwerden, Zwölffingerdarmgeschwüre, Verdauungsbeschwerden, Stuhldrang, Harndrang, Darmkrämpfe, Darmkoliken, Gallenkoliken, Nierenbeschwerden, Menstruationsbeschwerden. Da Schmerzimpulse über vegetative Bahnen geleitet werden, sind Schmerzempfindungen durch autogenes Training zu lindern. Sofern Verkrampfungen zugrunde liegen, können die Schmerzen beseitigt werden. Lindern können Sie alle Schmerzzustände, gleich welchen Ursprungs sie sind.

Sie sollten bei der Anwendung des autogenen Trainings jedoch nicht wahllos Schmerzen lindern, sondern zunächst abklären, ob die Schmerzen nicht ein Alarmsignal für z. B. einen entzündlichen Prozeß darstellen. Sollte dies zutreffen, ist es angezeigt, auch von medizinischer Seite die möglichen und sinnvollen Maßnahmen durchzuführen. Gleichzeitig können und sollten Sie gezielt autogenes Training durchführen.

Auch zur Schmerzlinderung bei den Geburtswehen und zur Beschleunigung des Geburtsvorganges wird autogenes Training mit Erfolg angewandt. Schwangere sollten frühzeitig ein Entspannungsverfahren erlernen. Sie können dadurch einen Großteil der Schwangerschafts- und Geburtsbeschwerden lindern oder von vornherein verhindern.

6. Seminarstunde: Kopfbereich

Psychosomatik des Kopfbereiches

Der Kopf ist wegen der Vielzahl der hier vorhandenen Nerven und Gefäße für Schmerzen besonders anfällig. Die häufigsten Kopfschmerzarten sind Spannungskopfschmerz und Migräne. Spannungskopfschmerz wird als dumpfer oder pulsierender Kopfdruck erlebt und kommt meist beim Zusammenwirken verschiedener Faktoren zustande. Oft wird das Wetter als alleinige Ursache vorgeschoben. Aber Bluthochdruck, Wirbelsäulenschäden und Schulterverkrampfungen können ebenfalls zum Kopfschmerz beitragen. Fast immer sind psychische Beweggründe zu finden, die Kopfschmerzen bereiten. Denken Sie auch an die Redewendungen: »Das halte ich im Kopf nicht aus« oder »Ich fühle mich wie vor den Kopf gestoßen«. Auslösende Momente sind z.B. Ärger oder Überforderung im Beruf, ein familiärer Konflikt, ein Gefühl des Nichtakzeptiert- oder Zurückgewiesenwerdens. Das entscheidende Moment für das Auftreten des psychosomatischen Kopfschmerzes ist die vorausgegangene Verhinderung der Problembearbeitung. Das Problem wurde meist weggeschoben oder verdrängt. Dadurch wurde die unangenehme Problembearbeitung umgangen und eine Lösung verhindert. Jedoch ist das Problem damit nicht beseitigt. Es tritt in anderer Form wieder auf: als Kopfschmerz, Schwindelgefühl oder sogar als Ohnmacht.

Bei allen drei Reaktionen handelt es sich um den Versuch, das »Gedankenräderwerk« abzustellen. Beim Kopfschmerz wird der Problemdruck mit Kopfdruck beantwortet. Beim Schwindelgefühl wird den Gedanken durch »Einnebeln« ihre bedrängende Kraft genommen. Der Ohnmachtsanfall ist der letzte

Fluchtweg, wenn die anderen Abwehrreaktionen nicht gelingen. Mittels dieser Abwehrmechanismen kann das kurzfristige Ziel der Problemunterdrückung erreicht werden.

Aber um welchen Preis? Die alten Probleme bohren weiter, und Sie haben zusätzlich neue Beschwerden. Versuchen Sie bitte nicht, sich mit dem Hinweis auf einen vorhandenen Wirbelsäulenschaden aus der Affäre zu ziehen. Selbst wenn diese Hypothese zutrifft, ist ein psychischer Anteil zusätzlich beteiligt, und die emotionale Bearbeitung sollte nicht umgangen werden. Ich höre auch häufiger das Argument, man solle die Probleme doch endlich ruhen lassen, an der Sachlage sei sowieso nichts zu ändern. Bei dieser Ansicht handelt es sich um einen tragischen Fehlschluß, der in der Zukunft mit Leid und Schmerzen bezahlt werden muß und über den Umweg einer Depression sogar zum Selbstmord führen kann.

Es ist richtig, daß sogenannte objektive Gegebenheiten oft nicht zu ändern sind. In solchen Fällen kann jedoch an der persönlichen Bewältigung des Tatbestandes oder des Ereignisses gearbeitet werden. Es ist sehr viel erreicht, wenn Sie bezüglich eines Problems mit sich selbst ins reine gekommen sind. Wenn Sie gelernt haben, sich mit dem Geschehenen gefühlsmäßig auseinanderzusetzen, wird es seine bedrängende Kraft verlieren, und Sie können ihm schließlich so neutral wie anderen Erlebnissen gegenüberstehen.

Probleme ergeben sich oft aus den Interpretationen, die wir bestimmten Ereignissen aufsetzen. Der griechische Philosoph EPIKTET faßte diesen Zusammenhang in die Worte: »Nicht die Dinge selbst, sondern die Meinungen, die wir uns über die Dinge machen, beunruhigen uns.« Die rational-emotionale Therapie nach A. ELLIS ist besonders geeignet, solche Problematiken durch gelenkte Selbstgespräche zu lösen. C. ESCHENRÖDER gibt in seinem Aufsatz »Wie Selbstgespräche unsere Gefühle und unser Verhalten beeinflussen« (Psychologie heute, Jan. 1977) einen Einblick in dieses Verfahren.

Problembewältigung beinhaltet, mit Körper und Seele über einer Sache zu stehen. Versuchen Sie nur mit dem »Kopf« darüberzustehen, dreht sich der psychosomatische Kreis von neuem.

In der Gestalttherapie und bezeichnenderweise auch in politischen Karikaturen werden solche Nur-Verstandesmenschen mit überdimensionalem Kopf und winzigem Körper dargestellt und als kopflastig bezeichnet.

Oft läßt sich bei Kopfschmerzklienten eine Diskrepanz zwischen dem Real-Ich und dem Ideal-Ich feststellen. Mit Real-Ich ist mein tatsächliches Wesen und Sein gemeint, mit Ideal-Ich das Wunsch-Ich, dem ich nachstrebe. Wenn diese beiden Bereiche zu weit auseinander liegen, kommt es mit Sicherheit zu Schwierigkeiten. Gefährlich ist die kopflastige Technik, das Ideal-Ich als real vorzutäuschen und das Real-Ich zu verleugnen. In solchen Fällen ist Einzel- oder Gruppenpsychotherapie notwendig, um aus den Verstrickungen wieder herausfinden zu können.

Das oben Gesagte gilt auch für die Migräne. Es gibt bei Migräne-Klienten jedoch einige spezifische Merkmale, die nicht ungenannt bleiben sollen. Sie versuchen oft durch besondere Leistung und Ehrgeiz zu imponieren, sind perfektionistisch und emotional blockiert. Sie sind leicht reizbar und leiden häufig unter Versagensbefürchtungen. Nach psychoanalytischer Auffassung gehen oft untergründiger Ärger und Wut den Migräneattacken voraus.

Dabei ist auffällig, daß die Migräneattacke nicht sofort in oder nach der Ärgersituation stattfindet, sondern bevorzugt am Wochenende. Man spricht nicht von ungefähr vom Sonntag als dem Migränetag. Damit wird zum Ausdruck gebracht, daß die Migräne sich in der Entlastungsphase einstellt, also zu einem Zeitpunkt, zu dem sich die quälenden, unbewältigten Probleme nicht mehr durch Arbeit unterdrücken lassen. Der Beginn der Sonntagsmigräne wurde im Zuge der Arbeitszeitverkürzung auf den Samstag vorverlegt.

Wer die quälenden Migränekopfschmerzen kennt, wird hochmotiviert sein, durch autogenes Training kombiniert mit Problembearbeitung das Übel anzugehen und möglichst zu beseitigen. Denken Sie daran: Die körperlichen Beschwerden spiegeln die Art des Umgangs mit den Problemen. In ihnen liegt ein möglicher Ansatzpunkt auch für die emotionale Lösung.

Stirnkühleübung

Sie wundern sich vielleicht, daß es bei der Kopfübung um das Erlernen von Kühle geht und nicht um Wärme. Wenn Sie sich jedoch fragen, ob Ihnen ein warmer Kopf angenehmer als ein kühler ist, werden Sie sich für den kühlen Kopf als Ausdruck des Wohlbefindens entscheiden. Ihnen fallen auch Redewendungen ein, wie »kühlen Kopf bewahren« oder »Kühler Kopf und Füße warm, macht den besten Doktor arm«.

Ich hoffe, daß die letzte Redewendung Ihr soziales Gewissen nicht alarmiert, so daß Sie um des Doktors willen Ihre Leiden behalten möchten. Es ist vielmehr zu hoffen, daß der Arzt durch den verminderten Andrang auf sein Wartezimmer wieder mehr Gelegenheit findet, sich um die unteilbare Ganzheitlichkeit seiner Patienten zu kümmern.

Sollten die folgenden Hinweise für Sie unzureichend sein, fragen Sie bitte Ihren Arzt, ob es sich bei Ihren Kopfschmerzen körperlich gesehen um eine Weitstellung oder um eine Engstellung der Kopfgefäße handelt. Bei einer Weitstellung der Kopfgefäße, die meist die Ursache der Kopfschmerzen ist, wird die Kühleübung zur Straffung der Gefäße erlernt. Sie können auch selbst feststellen, ob die Kühleübung für Sie richtig ist. Dies ist der Fall, wenn Ihnen bei Kopfschmerzen Kühle angenehm ist oder wenn Sie bereits versucht haben, die Kopfschmerzen durch Kühlung von außen zu lindern und diese dadurch nicht stärker geworden sind.

Bei der Kopfübung stellen Sie sich besonders auf die Stirn ein und gebrauchen die autosuggestive Formel *Die Stirn ist angenehm kühl.* Denken Sie bitte bei der jeweiligen Einstellung auf die Formel an die beiden Worte *angenehm* und *kühl.* Sie sollen stets ein wohliges Gefühl haben, und der Zustand, den Sie nach einiger Zeit erzeugen können, soll nicht kalt, sondern *angenehm kühl* sein.

Zur bildhaften Unterstützung der Übung empfehlen sich verschiedene Bilder. Sie können sich vergegenwärtigen, wie eine kühle Luftbewegung über Ihre Schläfen und Ihre Stirn streicht. Nach einigen Übungen spüren Sie tatsächlich die in jedem Raum zirkulierende Luftbewegung an Schläfen und Stirn. Sie können sich auch vorstellen, in einem warmen Vollbad zu liegen, wobei nur der kühle Kopf über die Wasseroberfläche herausragt. Auch die Vorstellung von Kölnisch Wasser oder Eisstückchen auf der Stirn ist recht hilfreich. Kältebilder sollten Sie allerdings nur in der ersten Trainingsphase benützen, später kann durch die Vorstellung von Eis o.ä. der erreichte Zustand schnell extrem werden. Für den Kopfbereich ist als Normalzustand eine angenehme Kühleempfindung angestrebt.

Sie können jetzt mit der Übung anfangen und sich zu Beginn, wenn Sie wollen, ein beruhigendes Standardbild vorstellen. Stellen Sie sich dann auf den rechten Arm ein und denken Sie wiederholt die einzelnen Formeln. *Der rechte Arm ist ganz schwer – Ich bin ganz ruhig – Der rechte Arm ist wohlig warm – Ich bin ganz ruhig – Die Atmung ist ganz ruhig, es atmet mich – Ich bin ganz ruhig – Das Herz schlägt ruhig und regelmäßig – Ich bin ganz ruhig – Das Sonnengeflecht ist ruhig und strömend warm – Ich bin ganz ruhig – Die Stirn ist angenehm kühl – Die Stirn ist angenehm kühl . . .*

Zum Abschluß der Übung nehmen Sie die Schwereempfindung wie gewohnt zurück. *Arme fest, Augen auf, tief durchatmen.*

Klienten mit nachgewiesener Migräne dürfen zu Beginn einer Migräneattacke die Kühleübung nicht durchführen. Bei der echten Migräne sind nämlich zunächst die Kopfgefäße zu enggestellt und werden erst nach einer gewissen Zeit stark ausgedehnt. In der Anfangsphase ist es möglich, die Formel *Die Stirn ist angenehm warm* zu benützen. Sollten die Schmerzen sich dadurch steigern, hören Sie sofort auf und besprechen Sie sich mit einem Lehrer des autogenen Trainings.

Erfolgskontrolle

Es kann ohne weiteres ein bis zwei Wochen dauern, bis Sie die ersten Empfindungen spüren, die auf Trainingsfortschritte hindeuten. Als Erfolg können Sie ein Kräusel- oder Straffheitsgefühl auf der Stirnoberfläche oder im Bereich der Schläfen werten. Dieses Gefühl wird nicht von jedem als Kühle empfunden.

Sie können jedoch davon ausgehen, daß Sie einiges erreicht haben, wenn Sie sich nach den Übungen frischer fühlen als vorher. Die beste Erfolgskontrolle stellt natürlich die Linderung oder Beseitigung der jeweiligen Beschwerden dar. Vergessen Sie aber nicht, daß Sie sich zu Beginn des Trainings in der Übungsphase befinden und sich die Symptome erst nach einiger Zeit und nach beständigem Üben bessern können.

Anwendungsbereiche der Stirnkühleübung

Es kann vorkommen, daß die Wärmeempfindung während des Übens von den Schultern in den Kopf abstrahlt. Solange lediglich der Hinterkopf erwärmt wird, brauchen Sie keine Gegenmaßnahmen zu ergreifen. Sollte die Wärme sich allerdings bis zur Stirn ausbreiten, können Sie sich, sobald Sie dies merken, auf die Stirnkühleübung einstellen.

In Alltagssituationen ist die Kühleübung sehr hilfreich, wenn Ihnen das Blut in den Kopf schießt, wenn Sie erröten oder vor lauter Diskussionseifer einen roten Kopf bekommen. Die Stirnkühleübung hilft auch gegen Müdigkeit; sie trägt zur Erfrischung und Konzentrationssteigerung bei.

Für streßgefährdete Menschen liegt darin jedoch eine Gefahr. Mißbrauchen Sie die Kopfübung bitte nicht, um aus Ihrem bereits überlasteten Organismus noch mehr Leistung herauszuholen. Dies ist zwar kurzfristig möglich, sehr bald sollte allerdings eine ausgedehnte Ruhepause folgen, weil sich sonst die psychovegetativen Symptome verstärken.

Ein weiteres Anwendungsgebiet der Kopfübung liegt in der Linderung oder Beseitigung von Schmerzen. Alle Arten von Kopfschmerzen und Neuralgien lassen sich durch die Übung beeinflussen; es gibt allerdings graduelle Unterschiede der Linderung, die von der Herkunft der Beschwerden abhängen.

Sonderfälle stellen der Fieberschmerz, der Tumorschmerz und der Zahnschmerz dar. In diesen Fällen sollte selbstverständlich das medizinisch Notwendige getan werden.

Die psychische Komponente des Schmerzes sollte jedoch nicht übersehen werden. Der französische Arzt J. Bricout* beschreibt die psychische Komponente so: »Der Schmerz ist immer von Verwirrung, von einem Gefühl des Ausgeliefertseins und der Hilflosigkeit der Angriffssituation gegenüber begleitet.«

Sobald Sie sich dem Schmerz gegenüber nicht mehr als ohnmächtig erleben, haben Sie bereits viel erreicht. Das autogene Training kann Ihnen auf diesem Wege helfen.

Eine Patientin berichtet: »Vor vier Wochen hatte ich mich einer Mandeloperation unterzogen, wobei mir das autogene Training sehr geholfen hat. Zur Operation war ich ganz ruhig; die Blutung war gering; ich benötigte keine Eisbeutel, da ich mir die Kühle auch zum Halse leiten konnte. Die Schwestern wunderten sich besonders darüber, daß ich keinerlei schmerzlindernde und schlaffördernde Mittel haben wollte.«

* J. Bricout: Schmerz (München, o.J.)

7. Seminarstunde: Schulterbereich

Psychosomatik des Schulterbereiches

Schmerzen im Rücken und in den Schultern beruhen meist auf muskulären Verspannungen in diesen Bereichen. Die Verspannungen können auf ungünstige Arbeitshaltungen, Wirbelsäuleschäden oder Spannungsgefühle zurückgehen. Deformationen der Wirbelsäule führen bei vielen, jedoch nicht bei allen Betroffenen zu Schmerzen größeren Ausmaßes. Wer gelernt hat, sich zu entspannen, ist in einer günstigeren Position.

Zu den negativen Emotionen, die sich leicht als Verspannungen im Schulterbereich zeigen und festsetzen, gehören: sich erschrecken, sich bedroht fühlen, sich getroffen fühlen und sich ängstigen. Bei diesen und ähnlichen Emotionen zieht der Mensch sich in sich selbst zurück; er zieht dabei den Kopf ein und hebt die Schultern an. Dieses Verhalten ist am besten zu verstehen, wenn wir von einer Gefahrensituation ausgehen. Sobald jemand eine körperliche Verletzung, z. B. durch einen Unfall, befürchtet, wird er mit dem reflexartigen Einziehen des Kopfes und dem Hochziehen der Schultern reagieren. Diese Reaktion hat dann eine Schutzfunktion: Der Kopf soll näher zum Rumpf gebracht werden: dadurch wird der Körper kompakter und die enge Verbindungsstelle Hals wird geschützt.

Sofern es sich um zu erwartende Körperverletzungen handelt, mag diese Reaktion sinnvoll sein. Die gleiche Reaktion findet jedoch auch statt, wenn emotionale Anspannungen oder Verletzungen bevorstehen bzw. stattfinden. In diesen Fällen ergibt es jedoch keinen Sinn, sich zu verkrampfen.

Wenn die emotionalen Belastungen vorübergehender Art sind, haben diese Anspannungen normalerweise nichts zu bedeuten. Meistens handelt es sich allerdings um anhaltende Belastungen, wie Partnerkonflikte oder Todesängste. Diese Probleme können sich leicht in andauernden Schulter- oder Kopfschmerzen zeigen oder andere Organsysteme in Mitleidenschaft ziehen.

Meistens sind die Organe betroffen, welche die jeweiligen Probleme am besten widerspiegeln. Rhythmusstörungen im Leben können sich leicht in Rhythmusstörungen des Herzens spiegeln.

Davon abgesehen spielt die individuelle Lerngeschichte und die sogenannte Organminderwertigkeit eine Rolle. Ein bereits vorgeschädigtes Organ wird demnach eher emotionale Störungen reflektieren als ein gesundes Organ. Bei einem Asthmatiker werden sich die verschiedenartigsten emotionalen Belastungen als Atemstörungen bemerkbar machen; bei einem Magengeschädigten wird sich auch eine Rhythmusstörung in Magenschmerzen ausdrücken.

Oft sind die Zusammenhänge allerdings vielschichtiger, wie der Fall einer 52-jährigen Kontoristin zeigt: Ihr Vater ist an Schüttellähmung erkrankt. Die Klientin leidet mit dem Vater. Eine längst vergessene Herzstörung wird wieder akut, und die Klientin verkrampft sich, ausgehend vom Schulternackenfeld, immer mehr. Dadurch kommt es zu Händezittern, und die Klientin glaubt jetzt, dies seien die ersten Anzeichen der gleichen Krankheit, unter der ihr Vater leidet. Es entwickelt sich eine Angstneurose, die die Themen Krankheit und Tod zum Inhalt hat.

Um derartige Fehlentwicklungen wieder aufzulösen, ist psychotherapeutische Hilfe unumgänglich. Zur Verhinderung ähnlicher Fehlentwicklungen können Sie frühzeitig selbst aktiv werden:

1) Sie können sich anhand von Beispielen bewußt machen, daß Sie Krankheitsbeschreibungen und -schilderungen sehr leicht auf sich selbst beziehen. Dies ist eine natürliche menschliche Eigenart und hängt damit zusammen, daß Sie nur aus Ihrem eigenen Empfinden heraus geschilderte Krankheitssymptome bewerten können. Sie versuchen sich einzufühlen, um den Partner besser zu verstehen. Dabei passiert es leicht, daß Sie eigene Empfindungen überbewerten oder mißdeuten und schließlich auf die Idee verfallen, auch an der geschilderten Krankheit zu leiden.

2) Beängstigende Themen sollen nicht um jeden Preis gemieden werden. Dadurch wird die Angst nur größer. Stellen Sie sich dem Angstthema, indem Sie handeln bzw. indem Sie sich das Erleben Ihrer Angst wiederholt und freiwillig zur Aufgabe machen.

3) Neben der grundsätzlichen Angstbewältigungsstrategie können Sie in akuten Angstsituationen autogenes Training durchführen, um die entstehenden Verspannungen gezielt abbauen zu können.

Eine Klientin, die entsprechend gehandelt hat, schreibt: »Es geht mir seelisch bedeutend besser, ich fühle mich freier, ungehemmter, ich lebe bewußter. Das Angstgefühl hat stark nachgelassen. Ich führe das autogene Training auch weiterhin durch.«

Schulternackenfeldübung

Als zusätzliche und letzte Übung möchte ich eine spezielle Übung für den Schulterbereich vorschlagen. Diese empfiehlt sich in der Anwendungsphase als zusammenfassende Übung, weil hierbei die drei Hauptkomponenten des autogenen Trainings, nämlich *Ruhe, Schwere* und *Wärme* zusammengefaßt werden. Die Formel lautet: *Das Schulternackenfeld ist ganz ruhig, schwer und warm.* Sie können auch diese Formel weiter abkürzen, wenn Sie sich in den Schultergürtel hineinversetzen und sich *ruhig – schwer – warm* suggerieren. Sie können auch die Hauptwörter *Ruhe – Schwere – Wärme* mit dem Schulternackenfeld verknüpfen.

Mit dem Schulternackenfeld sind die Muskel- und Nervenstränge im Schulterbereich gemeint. Sie können diese mit der Hand greifen. Verfolgen Sie die Stränge so weit nach unten und oben, wie sie zu tasten sind. Dies ist der Bereich, auf den Sie sich beim Üben einstellen. Sollte Ihnen die Einstellung auf diesen Bereich Schwierigkeiten bereiten, hilft es Ihnen, wenn Sie vor Beginn des Trainings die Schultermuskeln kneten, so daß die Druckempfindung nachwirkt. Mit dieser anfänglichen Hilfe werden Sie das Schulternackenfeld sicher finden. Wie bei den anderen Übungen sind die äußerlichen Hilfen nicht mehr notwendig, wenn Sie die angesprochenen Regionen rein konzentrativ finden können.

Die Schulternackenfeldübung bedarf einer längeren Übungszeit, ehe sie zum Erfolg führt. Der Entspannungsgewinn kann danach recht intensiv sein, wie der Bericht eines Chemikers zeigt:

»Das autogene Training, das ich weiterhin übe, hat mir wohl das gebracht, was allein mit Medikamenten nicht zu erreichen war. Kalte Füße im Bett und schlechtes Einschlafen kenne ich nicht mehr. Die Entspannung tritt sehr schnell ein. Nach wie vor übe ich die sieben Anwendungen. Die Übungen für Herz und Schulternackenfeld sagen mir am meisten zu, die Schulternackenfeldübung besonders. Hier scheint wohl infolge meiner Rückgratverkrümmung die größte Verkrampfung vorzuliegen. Nur bei dieser Übung habe ich noch das bekannte Kribbeln. Die Übungen gelingen jetzt in jeder Lage, also auch im Stehen. Herzangst kenne ich so gut wie gar nicht mehr. Die Mühe und die Überwindung der Skepsis haben sich gelohnt, und ich möchte diese Möglichkeit der Entspannung nicht mehr missen.«

Sie können jetzt, wie in der Übungsphase gewohnt, mit der Schwereeinstellung beginnen. *Der rechte Arm ist ganz schwer...* *Ich bin ganz ruhig ... Der rechte Arm ist wohlig warm ... Ich bin ganz ruhig ... Die Atmung ist ganz ruhig – es atmet mich ... Ich bin ganz ruhig ... Das Herz schlägt ruhig und regelmäßig ... Ich bin ganz ruhig ... Das Sonnengeflecht ist ruhig und strömend warm ... Ich bin ganz ruhig ... Das Schulternackenfeld ist ganz ruhig, schwer und warm ... Ich bin ganz ruhig ... Die Stirn ist angenehm kühl ... Ich bin ganz ruhig ...*

Rücknahme: *Arme fest – Augen auf – tief durchatmen.*

Zu Trainingszwecken wird die Schulternackenfeldübung an vorletzter Stelle durchgeführt. Die Stirnkühleübung folgt an letzter Stelle. Sollten Sie nach einer geraumen Übungszeit feststellen, daß das Ansprechen der Stirnkühle bereits zu einer Erfrischung führt, so ist dies tagsüber sicher ein willkommener Effekt. Sollte das gleiche abends vor dem Einschlafen geschehen, wäre es günstiger, die Stirnkühleübung früher am Abend durchzuführen oder ganz wegzulassen.

Erfolgskontrolle

Es kann einige Wochen dauern, bis Sie im Schulternackenbereich erste Entspannungsempfindungen wahrnehmen. Die häufigsten Empfindungen sind die der Wärme und Schwere. Manche spüren auch eine wohltuende Leichtigkeit in diesem Bereich. Als deutlichsten Erfolg werden Sie Schmerzlinderung in Schultern, Nacken oder Kopf ansehen.

Sollten Entspannungsgefühle speziell bei dieser Übung nicht auftreten, kann die Teilung der Formel zum Erfolg verhelfen. Sie könnte dann lauten: *Das Schulternackenfeld ist ganz ruhig und schwer . . . Ich bin ganz ruhig . . . Das Schulternackenfeld ist ganz ruhig und warm.*

Anwendungsbereiche der Schulternackenfeldübung

Die Schulternackenfeldübung kann in der Anwendungsphase gut zum Aufrechterhaltungstraining benutzt werden, weil die wichtigsten Komponenten des autogenen Trainings in ihr vereinigt sind, nämlich *Ruhe, Schwere* und *Wärme.* Diese können sich vom Schulternackenfeld aus leicht im ganzen Körper ausbreiten.

Bei Verspannungen im Schulternackenbereich wirkt die Übung wohltuend entspannend. Akute und chronische Verkrampfungen lockern sich. Kopfschmerzen, die mit Verspannungen im Schulterbereich zusammenhängen, lassen sich durch diese Übung lindern oder beseitigen. Verspannungen, die auf Wirbelsäuleschäden zurückgehen, lassen sich mit dieser Übung bessern.

Die Verspannungsfolgen von unangenehmen und angstbesetzten Erlebnissen können mit Hilfe der Schulternackenfeldübung gelindert werden. Sofern Probleme keiner Lösung zugeführt werden, ist zwar eine vorübergehende, aber keine nachhaltige Linderung der Verspannungen möglich. Neben der symptom-orientierten Anwendung der Übung sollte also die Ganzheitlichkeit des Menschen stets beachtet und geachtet werden.

Rückblick und Ausblick

Erweiterung und Zusammenfassung der Übungen

Zweierlei Dinge hat das autogene Training zum Ziel:
Erstens soll es dazu führen, daß Sie allgemein entspannter und gelassener werden und damit Körpersymptome verschwinden. Zweitens sollen Sie eine Möglichkeit an die Hand bekommen, sich in akuten Spannungssituationen sofort entspannen zu können.

Um diese Ziele zu erreichen, haben Sie das autogene Training begonnen. Sie haben jetzt sieben Übungen kennengelernt. Wenn Sie regelmäßig, also wenigstens dreimal täglich, die Übungen durchgeführt haben, spüren Sie inzwischen bei den Grundübungen im bisher untrainierten Arm die gleiche Schwere bzw. Wärme wie im trainierten Arm. Vielleicht haben Sie Ihre Übungen dementsprechend bereits erweitert. Die Übungsfolge sollte jetzt lauten:

Die Arme sind ganz schwer . . . (mehrmals)
(oder: *Beide Arme sind ganz schwer*)
Ich bin ganz ruhig . . . (einmal oder mehrmals)
Die Arme sind wohlig warm . . .
(oder: *Beide Arme sind wohlig warm . . .*)
Ich bin ganz ruhig . . .
Die Atmung ist ganz ruhig – es atmet mich . . .
Ich bin ganz ruhig . . .
Das Herz schlägt ruhig und regelmäßig . . .
Ich bin ganz ruhig . . .
Das Sonnengeflecht ist ruhig und strömend warm . . .

Ich bin ganz ruhig
Das Schulternackenfeld ist ganz ruhig, schwer und warm . . .
Ich bin ganz ruhig
Die Stirn ist angenehm kühl . . .
Ich bin ganz ruhig . . .
Rücknahme: *Arme fest – Augen auf – tief durchatmen.*
Individuell notwendige Abwandlungen der Formeln wurden in
den einzelnen Seminarstunden besprochen.
Sollten einzelne Empfindungen noch zu schwach ausgeprägt
sein, können Sie die Übungen noch mehr bildhaft unterstützen,
eventuell durch einen Zusatz zur Formel. Beispiel: *Die Arme
sind ganz schwer – bleischwer.*

Es kann auch vorkommen, daß einzelne Empfindungen als zu
intensiv wahrgenommen werden. In solchen Fällen können Sie
die Formulierungen abschwächen. Beispiel: *Der rechte Arm ist
etwas warm* oder *Das Sonnengeflecht ist ein wenig warm.* Ab-
schwächungen der Empfindungen erreichen Sie also durch Ein-
fügung der Worte *wohlig, ein wenig* oder *etwas* in die Formeln.
Die autosuggestive Formel *Ich bin ganz ruhig* können Sie, wenn
Sie möchten, mit dem Begriff *Ruhe* verknüpfen oder ersetzen.
Wenn Sie es wünschen, dürfen Sie auch die übrigen Formeln
verkürzen, indem Sie die Artikel und die Verben weglassen. Beispiel: *Arme – ganz schwer* oder *Herz – ruhig und regelmäßig.*
Diese Abkürzungen sollten Sie allerdings nur gebrauchen,
wenn sie Ihnen angenehmer erscheinen als die früheren Formulierungen. Es ist nämlich bei Formeländerungen stets ein
Umlernprozeß notwendig, den Sie sich ersparen, wenn Sie die
ursprünglichen Formeln beibehalten.
Eine weitere Formelerweiterung bei der Schwere- und Wärmeübung steht allerdings noch aus. Nachdem Sie etwa zwei Wochen mit der Formel *Die Arme sind ganz schwer* geübt haben,
werden Sie feststellen, wie sich die Schwereempfindung auch in
den Beinen ausbreitet. Sobald Sie dies spüren, ohne sich auf die
Beine konzentriert zu haben, erweitern Sie die Schwereformel.
Sie lautet dann *Arme und Beine sind ganz schwer.* Das gleiche
gilt auch für die Wärmeübung: Wenn Sie die Ausbreitung der
Wärme in die Beine während der Übungen wahrnehmen, erwei-

tern Sie die Formel: *Arme und Beine sind wohlig warm.*

Es ist grundsätzlich möglich, über das bisher Besprochene hinausgehend zusätzliche Formeln zu konstruieren. Mit Formeln, die den Rahmen des autogenen Trainings sprengen, sollten Sie allerdings vorsichtig sein.

An zusätzliche Formeln sind ganz bestimmte Bedingungen zu stellen:

1. Der Inhalt der Formel soll sich auf körperlich begründbare Empfindungen beziehen.

2. Der Inhalt der Formel soll realisierbar sein.

3. Der Inhalt der Formel soll positiv formuliert sein.

4. Die Formel soll in der Aussageform gehalten sein.

Es gibt wenige Formeln, die diesen Bedingungen genügen. Für vertretbar halte ich folgende Zusatzformulierungen:

- bei Schmerzen – »Kühle (bzw. Wärme) breitet sich aus«
- bei Sprachstörungen – »Kehlkopf locker und gelöst«
- bei Drogenkonsum – »Rauchen bringt innere Unruhe – Autogenes Training bringt innere Ruhe.«
- bei Hämorrhoiden – »Schließmuskeln locker und gelöst«
- bei Belästigungen – »Lärm ist unwichtig – Ruhe ist wichtig«
- bei Streitigkeiten – »Ich bin ganz ruhig und gelassen«
- bei Entspannungsschwierigkeiten – »Ruhe kommt von selbst«.

Die meisten Störungen sind mit den eingeübten sieben Formeln zu beeinflussen. Alle Leibbeschwerden sprechen gut auf die Sonnengeflechtübung an, allgemeine Störungen auf *Ruhe, Schwere* und *Wärme.* Sollten Sie trotzdem das Bedürfnis nach einer Zusatzformel haben, möchte ich Sie bitten, sich an die obengenannten vier Regeln zu halten und sich auf nur eine, höchstens zwei zusätzliche Formeln zu beschränken. Diese können Sie an letzter oder vorletzter Stelle Ihrer Trainingsformeln einfügen und stets mitüben.

In der konkreten Anwendung können Sie alle Übungen gezielt an jedem Ort und in jeder Haltung einsetzen. Vielleicht ist es Ihnen bereits gelungen, mit Hilfe des autogenen Trainings eine günstigere Ausgangsposition zu erreichen, die es Ihnen erlaubt, gelassener an schwierige und spannungsgeladene Situationen heranzugehen oder es erst gar nicht soweit kommen zu lassen. Bedenken Sie auch, daß autogenes Training Ihnen keine Verhaltensmöglichkeiten wegnimmt, sondern Ihnen den zusätzlichen Weg in die Entspannung öffnet. Sie haben in Zukunft ein größeres Repertoire an Verhaltensmöglichkeiten zur Verfügung, aus dem Sie je nach Situation die subjektiv günstigste Reaktion auswählen können. Manchmal mag es erforderlich erscheinen, energisch seine Auffassung zu einem bestimmten Thema durchzusetzen, ein anderes Mal mag es für die Lösung der Situation vorteilhafter sein, möglichst gelassen zu reagieren.

Nach Abschluß der Übungsphase ist es nicht mehr notwendig, die Übungen in der angegebenen Reihenfolge durchzuführen, obwohl sich dies zu Trainingszwecken weiterhin empfiehlt. Zum Aufrechterhaltungstraining schlage ich zwei bis drei vollständige Übungsdurchgänge pro Woche vor.

Im Vordergrund steht jetzt die Anwendung des Gelernten. Sie sind nun in der Lage, sich in schwierigen Situationen zu entspannen. Dazu ist keine besondere Konzentration erforderlich. Sobald Sie sich auf die Übungen einstellen, spüren Sie, wie der entspannend beruhigende Effekt eintritt.

In der Anwendungsphase können Sie vor oder in belastenden Situationen mit gezielten Formeln arbeiten. Die Formelauswahl sollte sich nach dem hervorstechenden Spannungsbereich richten. Wenn der Magendruck im Vordergrund steht, führen Sie die Sonnengeflechtübung durch; bei Zittern ist die Schwereübung angezeigt.

Die meisten erzielen den besten Erfolg, wenn sie mit einer Vorübung anfangen. Sie sollten mit der Übung beginnen, die Sie am besten beherrschen, und an zweiter Stelle den Körperbereich ansprechen, in dem Sie eine momentane Fehlregulation spüren. Zur umfassenden Ruhigstellung empfehlen sich die allgemeine Ruheformel und die beiden Grundübungen der Schwere und Wärme.

Ich werde manchmal nach der autogenen Grundstufenmeditation, die oft mit dem mißverständlichen Begriff »Oberstufe« belegt wird, gefragt. Bei der Oberstufe handelt es sich um analytische Psychotherapie, die von Farb- und Formmeditationen ausgeht und verborgene Persönlichkeitszüge aufzudecken helfen soll. Es geht dabei nicht um eine Weiterführung der für das autogene Training charakteristischen Körperübungen.

Es spricht nichts gegen die meditativen Übungen; ich möchte jedoch darauf hinweisen, daß in diesen Kursen keine Intensivierung des bisher Gelernten stattfindet.

Manche haben das Bedürfnis, sich über ihre Übungs- und Anwendungsfortschritte mit anderen auszusprechen oder gemeinsame Übungen durchzuführen. Dazu brauchen Sie keinen neuen Kurs zu besuchen, weil Sie das dort Durchgeführte bereits kennen. Für günstig halte ich es, einen Trainingskreis für autogenes Training zu bilden. Vielleicht kennen Sie einige Personen, die das autogene Training gelernt haben. Wie wäre es, wenn Sie mit diesen einen solchen Kreis bildeten? Oder fragen Sie Ihren Arzt oder Psychologen, bei dem Sie das autogene Training gelernt haben, ob er solche Intensivierungsstunden oder -kurse durchführt. Sie können ihn auch bitten, einen solchen Kurs einzurichten.

Entscheidend ist jedoch auch in der Anwendungsphase das eigene Üben, damit der erreichte Erfolg beibehalten bleibt.

Zur genaueren Fortschrittsüberprüfung können Sie nun den auf S. 142 folgenden Fragebogen ausfüllen und ihn dann mit der Beantwortung der entsprechenden Fragen vergleichen, die Sie vor Beginn des Trainings gegeben haben (vgl. Seite 38). Vielleicht finden Sie dort Beschwerden, die Sie damals als zutreffend angekreuzt hatten und die inzwischen verschwunden sind, ohne daß Sie dies wahrgenommen haben. Sollte dies der Fall sein, freuen Sie sich auch über diese Fortschritte!

Etwa 2 Monate, nachdem Sie den 1. Nachbefragungsbogen ausgefüllt haben, können Sie den Fragebogen auf S. 143 ausfüllen.

Die Beantwortung der Fragen können Sie mit dem früheren Fragebogen vergleichen und Ihre Fortschritte ablesen. Sollten Sie irgendwo Rückschritte feststellen, haben Sie wahrscheinlich unregelmäßig geübt bzw. das Aufrechterhaltungstraining nicht durchgeführt. Tun Sie dies von nun an wieder!

Nach etwa einem Jahr können Sie den Fragebogen nochmals ausfüllen und wieder mit den früheren vergleichen.

Überprüfung der bisherigen Fortschritte

Füllen Sie bitte möglichst spontan den nachfolgenden Fragebogen aus!

1. Nachbefragung

Seit wann üben Sie das autogene Training? Seit .... Wochen

Wie oft haben Sie geübt?   regelmäßig ☐   unregelmäßig ☐

                                   selten ☐   gar nicht ☐

Womit kommen Sie beim Trainieren noch nicht zurecht? ....

....

Beherrschen Sie die	gut	etwas	noch nicht	noch nicht geübt
Schwereübung	☐	☐	☐	☐
Wärmeübung	☐	☐	☐	☐
Atemübung	☐	☐	☐	☐
Herzübung	☐	☐	☐	☐
Sonnengeflechtübung	☐	☐	☐	☐
Schulternackenfeld	☐	☐	☐	☐
Stirnkühleübung	☐	☐	☐	☐

Welche der folgenden Leiden/Beschwerden haben sich in den letzten Wochen

	sehr gebessert	etwas gebessert	nicht gebessert
1. Reizbarkeit	☐	☐	☐
2. Nervosität	☐	☐	☐
3. Schlafstörungen	☐	☐	☐
4. Abgespanntheit	☐	☐	☐
5. Muskelverspannungen	☐	☐	☐
6. Innere Unruhe	☐	☐	☐
7. Aufsteigende Hitze	☐	☐	☐
8. Schweißausbrüche	☐	☐	☐
9. Schwindelgefühle	☐	☐	☐
10. Zittrigkeit	☐	☐	☐
11. Kopfschmerzen	☐	☐	☐
12. Mattigkeit	☐	☐	☐
13. Konzentrationsschwierigkeiten	☐	☐	☐
14. Beklemmungsgefühle	☐	☐	☐
15. Sorgen/Konflikte	☐	☐	☐
16. Angstzustände	☐	☐	☐
17. Weinen	☐	☐	☐
18. Kloßgefühl	☐	☐	☐
19. Herzbeschwerden	☐	☐	☐
20. Kreislaufbeschwerden	☐	☐	☐
21. Magenbeschwerden	☐	☐	☐
22. Verdauungsbeschwerden	☐	☐	☐
23. Atembeschwerden	☐	☐	☐

2. Nachbefragung

Seit wann üben Sie das autogene Training? Seit .... Wochen

Wie oft haben Sie geübt?

regelmäßig ☐	anfangs regel- mäßig, jetzt	
unregelmäßig ☐	unregelmäßig ☐	
selten ☐	gar nicht ☐	

Womit kommen Sie beim Trainieren noch nicht zurecht? ....

....

Beherrschen Sie die	gut	etwas	noch nicht	noch nicht geübt
Schwereübung	☐	☐	☐	☐
Wärmeübung	☐	☐	☐	☐
Atemübung	☐	☐	☐	☐
Herzübung	☐	☐	☐	☐
Sonnengeflechtübung	☐	☐	☐	☐
Schulternackenfeld	☐	☐	☐	☐
Stirnkühleübung	☐	☐	☐	☐

Welche der folgenden Leiden/Beschwerden haben sich
seit Aufnahme des autogenen Trainings

	sehr gebessert	etwas gebessert	nicht gebessert
1. Reizbarkeit	☐	☐	☐
2. Nervosität	☐	☐	☐
3. Schlafstörungen	☐	☐	☐
4. Abgespanntheit	☐	☐	☐
5. Muskelverspannungen	☐	☐	☐
6. Innere Unruhe	☐	☐	☐
7. Aufsteigende Hitze	☐	☐	☐
8. Schweißausbrüche	☐	☐	☐
9. Schwindelgefühle	☐	☐	☐
10. Zittrigkeit	☐	☐	☐
11. Kopfschmerzen	☐	☐	☐
12. Mattigkeit	☐	☐	☐
13. Konzentrations- schwierigkeiten	☐	☐	☐
14. Beklemmungsgefühle	☐	☐	☐
15. Sorgen/Konflikte	☐	☐	☐
16. Angstzustände	☐	☐	☐
17. Weinen	☐	☐	☐
18. Kloßgefühl	☐	☐	☐
19. Herzbeschwerden	☐	☐	☐
20. Kreislaufbeschwerden	☐	☐	☐
21. Magenbeschwerden	☐	☐	☐
22. Verdauungs- beschwerden	☐	☐	☐
23. Atembeschwerden	☐	☐	☐

Erfolge mit autogenem Training

Der Autor führte in der Rehabilitationsklinik der BfA in Bad Salzuflen regelmäßig Kurse im autogenen Training durch. Die Kurse dauerten zweieinhalb Wochen. Nach zwei Wochen füllten die Teilnehmer bereits den 1. Nachbefragungsbogen aus, der dem auf Seite 142 abgedruckten entspricht. Die nachfolgenden Auswertungsergebnisse beziehen sich auf Erhebungen, die in früheren Jahren durchgeführt wurden. Für die Auswertungsarbeit gebührt meiner Mitarbeiterin, Frau Schirmacher, besonderer Dank. In die Erhebung wurden alle Klienten einbezogen, die den Kursus abgeschlossen haben. Es ergab sich eine **Gesamtzahl von 420.** Die Rücklaufquote bei der 1. Nachbefragung betrug fast 100 %, bei der 2. Nachbefragung rund 95 % und bei der 3. Nachbefragung rund 85 %. Hier die Ergebnisse im einzelnen:

Ergebnisse der 1. Nachbefragung
(2 Wochen nach Kursusbeginn)
Anfängliche Bereitschaft, das Training zu erlernen:
sehr groß: 48 %; groß: 31 %; mittelmäßig: 15 %; unentschieden: 4 %; gering 2 %.
Übungshäufigkeit:
regelmäßig: 57 %; unregelmäßig: 39 %; selten: 3 %; gar nicht: 1 %.

	gut	etwas	noch nicht	noch nicht geübt
Beherrschung der				
Schwereübung	57 %	35 %	7 %	1 %
Wärmeübung	55 %	34 %	10 %	1 %
Atemübung	34 %	41 %	21 %	4 %
Herzübung	16 %	44 %	38 %	2 %
Sonnengeflecht-übung	5 %	22 %	59 %	14 %
Schulternackenfeld	2 %	12 %	45 %	41 %
Stirnkühleübung	5 %	18 %	55 %	22 %

Leiden/Beschwerden, die sich seit Beginn des autogenen Trainings gebessert haben:

	sehr gebessert	etwas gebessert	gebessert (Zusammenf. von sehr gebessert und etwas gebessert
1. Reizbarkeit	21%	42%	63%
2. Nervosität	21%	41%	62%
3. Schlafstörungen	16%	36%	52%
4. Abgespanntheit	21%	36%	57%
5. Muskelverspannungen . .	18%	40%	58%
6. Innere Unruhe	24%	38%	62%
7. Aufsteigende Hitze . . .	17%	31%	48%
8. Schweißausbrüche . . .	15%	27%	42%
9. Schwindelgefühle . . .	17%	29%	46%
10. Zittrigkeit	18%	34%	52%
11. Kopfschmerzen	24%	26%	50%
12. Mattigkeit	10%	36%	46%
13. Konzentrationsschwierigk.	7%	32%	39%
14. Beklemmungsgefühle . .	16%	37%	53%
15. Sorgen/Konflikte . . .	11%	31%	42%
16. Angstzustände	17%	38%	55%
17. Weinen	24%	33%	57%
18. Kloßgefühl	12%	25%	37%
19. Herzbeschwerden . . .	17%	29%	46%
20. Kreislaufbeschwerden . .	15%	31%	46%
21. Magenbeschwerden . . .	15%	35%	50%
22. Verdauungsbeschwerden .	9%	15%	24%
23. Atembeschwerden . . .	19%	31%	50%

Es fällt auf, daß sich bereits nach wenigen Wochen Veränderungen größeren Ausmaßes feststellen lassen. Für die einzelnen Symptome sind die Fortschritte allerdings recht unterschiedlich. Da diese Erhebungen während einer allgemeinen Rehabilitationsmaßnahme durchgeführt wurden, spielen bei den Besserungen der Beschwerden sicherlich auch gymnastische und andere atmosphärische Momente eine Rolle. Um die Größenordnung dieser Effekte zu erkunden, wurde eine Kontrollgruppe aus Klienten gebildet, die zum autogenen Training angemeldet waren, die jedoch wegen Abwesenheit des Trainers an keinem Kursus teilnehmen konnten. Die Auswertung dieser Daten ergibt:

Nach 2 Wochen zeigten sich bei der Gruppe, die kein AT erlernte, geringfügige Besserungen in bezug auf Weinen, Kloßgefühle, Beklemmungsgefühle, Angstzustände und Sorgen; starke Besserungen hinsichtlich Reizbarkeit und Muskelverspannungen. Prozentangaben werden für diese Symptome nicht gegeben, weil die Kontrollgruppe dazu noch zu gering ist. Nach ebenfalls 2 Wochen betrugen die Besserungsraten für die Klienten, die am psychosomatischen Seminar für autogenes Training teilgenommen hatten, zwischen 24 % für Verdauungsbeschwerden und 63 % für Reizbarkeit.

Im Durchschnitt wurden bei den Klienten ohne AT während der Rehabilitationsmaßnahme 42 % der geklagten psychovegetativen Beschwerden gebessert. Bei den Teilnehmern des AT-Seminars wurden während der ansonsten gleichen Rehabilitationsmaßnahme 50 % der Beschwerden im Mittel gebessert. Von den mittleren Besserungsquoten her gesehen zeigten sich nach 2 Wochen bei der AT-Gruppe erst geringe zusätzliche Besserungen der angegebenen Beschwerden.

Es ist allerdings bemerkenswert, daß die allgemeine Rehabilitationsmaßnahme in über 40 % der Fälle zu Symptombesserungen führte. Da in der untersuchenden Klinik aktive Gesundheitsbildung im Vordergrund der Bemühungen steht, kann dieses Ergebnis als Anhaltspunkt für die Sinnhaftigkeit von aktiver und eigeninitiativer Gesundheitsvorsorge bzw. Gesundheitsnachsorge in der Rehabilitation gelten.

Der geringe Abstand der AT-Gruppe von der Kontrollgruppe hängt auch damit zusammen, daß nach 2 Wochen das autogene Training noch nicht genügend eingeübt bzw. gefestigt ist und die evtl. notwendige Konfliktbearbeitung noch nicht abgeschlossen ist. Diese Schlüsse werden durch die Ergebnisse der 2. und 3. Nachbefragung nahegelegt.

Ergebnisse der 2. Nachbefragung

(4 Monate nach Kursusbeginn)
Übungshäufigkeit
regelmäßig: 35 %; unregelmäßig: 54 %; selten: 10 %; gar nicht: 1 %.

	gut	etwas	noch nicht	noch nicht geübt
Beherrschung der				
Schwereübung	70 %	24 %	6 %	0 %
Wärmeübung	63 %	27 %	9 %	1 %
Atemübung	43 %	36 %	18 %	3 %
Herzübung	23 %	37 %	33 %	7 %
Sonnengeflechtübung . . .	19 %	28 %	43 %	10 %
Schulternackenfeld	16 %	25 %	45 %	13 %
Stirnkühleübung	13 %	27 %	46 %	14 %

	sehr gebessert	etwas gebessert	gebessert (Zusammenf. von sehr gebessert und etwas gebessert)
1. Reizbarkeit	37 %	45 %	82 %
2. Nervosität	29 %	55 %	84 %
3. Schlafstörungen	39 %	39 %	78 %
4. Abgespanntheit	28 %	45 %	73 %
5. Muskelverspannungen . .	33 %	38 %	71 %
6. Innere Unruhe	30 %	52 %	82 %
7. Aufsteigende Hitze . . .	37 %	34 %	71 %
8. Schweißausbrüche . . .	32 %	33 %	65 %
9. Schwindelgefühle . . .	26 %	44 %	70 %
10. Zittrigkeit	31 %	42 %	73 %
11. Kopfschmerzen	29 %	38 %	67 %
12. Mattigkeit	22 %	39 %	61 %
13. Konzentrationsschwierigk.	15 %	44 %	59 %
14. Beklemmungsgefühle . .	27 %	41 %	68 %
15. Sorgen/Konflikte . . .	27 %	42 %	69 %
16. Angstzustände	33 %	39 %	72 %
17. Weinen	45 %	39 %	84 %
18. Kloßgefühl	41 %	28 %	69 %
19. Herzbeschwerden . . .	25 %	38 %	63 %
20. Kreislaufbeschwerden . .	21 %	39 %	60 %
21. Magenbeschwerden . . .	32 %	37 %	69 %
22. Verdauungsbeschwerden .	21 %	25 %	46 %
23. Atembeschwerden . . .	24 %	48 %	72 %

Auf allen Gebieten zeigt sich eine weitere Verbesserung der vorher geklagten Beschwerden. In der differenzierten Auswertung ergibt sich, daß diejenigen, die regelmäßig bzw. anfangs regelmäßig geübt haben, große Fortschritte in der Beherrschung der

Übungen und der Symptombesserung gemacht haben. Auch diejenigen, die im Bereich der Problem- und Konfliktlösung an sich gearbeitet haben, erzielten überdurchschnittliche Erfolge.

Diejenigen, die selten oder gar nicht geübt haben, verzeichnen keine Symptombesserungen bzw. neue Verschlimmerungen der Beschwerden.

Bei der Kontrollgruppe (ohne AT) sind die Besserungsraten nach 4 Monaten für Weinen, Kloßgefühle, Sorgen, Nervosität sowie Schlafstörungen am geringsten und für Muskelverspannungen am größten. Ebenfalls nach 4 Monaten betragen die Besserungsraten für die AT-Gruppe zwischen 46 % für Verdauungsbeschwerden und 84 % für Nervosität.

Im Durchschnitt sind 4 Monate nach der Rehabilitationsmaßnahme 41 % der psychovegetativen Beschwerden bei der Kontrollgruppe (ohne AT) gebessert. Bei den Teilnehmern am AT-Seminar sind zum gleichen Zeitpunkt durchschnittlich 70 % der Beschwerden gebessert. Bei der AT-Gruppe zeigen sich jetzt deutliche Fortschritte gegenüber der Kontrollgruppe.

Ergebnisse der 3. Nachbefragung
(1 Jahr nach Kursusbeginn)

Die Auswertung ergibt bei denjenigen, die das Training weiterhin durchführen, weiter ansteigende Erfolge. Bei manchen ergibt sich jedoch, verglichen mit der 2. Nachbefragung, ein leichter Rückgang der Symptombesserungen. Dabei handelt es sich um Klienten, die nach einigen Monaten ihre Beschwerden weitgehend beseitigt hatten und daraufhin nicht mehr die Notwendigkeit sahen, das Aufrechterhaltungstraining weiter durchzuführen. In einigen Fällen traten daraufhin die früheren Beschwerden wieder auf.

Wenn die Übungen überhaupt nicht durchgeführt wurden, können diese Personen in Belastungssituationen das Training nicht mehr mit Erfolg anwenden. Ein erneutes regelmäßiges Training ist in solchen Fällen unumgänglich, um wieder Erfolge erzielen zu können.

Zum Abschluß der statistischen Ausführungen folgt eine Zusammenstellung der Symptombesserungen in einer Rangreihe:

	gebessert (2 Wochen nach Kursbeginn)	gebessert (4 Monate nach Kursbeginn)	gebessert (1 Jahr nach Kursbeginn)
1. Angstzustände	55 %	72 %	89 %
2. Beklemmungsgefühle . .	53 %	68 %	89 %
3. Atembeschwerden . . .	50 %	72 %	89 %
4. Kloßgefühl	37 %	69 %	89 %
5. Weinen	57 %	84 %	88 %
6. Reizbarkeit	63 %	82 %	88 %
7. Nervosität	62 %	84 %	88 %
8. Zittrigkeit	52 %	73 %	88 %
9. Magenbeschwerden . .	50 %	69 %	87 %
10. Innere Unruhe	62 %	82 %	85 %
11. Aufsteigende Hitze. . .	48 %	71 %	84 %
12. Schweißausbrüche . . .	42 %	65 %	84 %
13. Kopfschmerzen	50 %	67 %	84 %
14. Abgespanntheit	57 %	73 %	83 %
15. Schlafstörungen	52 %	78 %	82 %
16. Muskelverspannungen .	58 %	71 %	81 %
17. Konzentrationsschwierigk.	39 %	59 %	81 %
18. Schwindelgefühle . . .	46 %	70 %	79 %
19. Sorgen/Konflikte . . .	42 %	69 %	78 %
20. Mattigkeit	57 %	61 %	77 %
21. Kreislaufbeschwerden . .	46 %	60 %	72 %
22. Herzbeschwerden . . .	46 %	63 %	72 %
23. Verdauungsbeschwerden .	24 %	46 %	70 %

Durchschnittliche Besserung			
bei der AT-Gruppe:	50 %	70 %	83 %
bei der Kontrollgruppe: .	42 %	41 %	37 %

Nach einem Jahr sind die Fortschritte der AT-Gruppe noch weiter angewachsen. Die genauen Veränderungen in dieser Zeit sind obiger Liste zu entnehmen. Die Kontrollgruppe hingegen zeigt leichte Rückschritte. Verglichen mit der Kontrollgruppe sind nach einem Jahr die Symptombesserungen bei der AT-Gruppe mehr als doppelt so hoch. Die Langzeitergebnisse der Untersuchungen anderer Autoren weisen einen ähnlich positiven Trend auf.

Nach diesen statistischen Werten, bei denen viele Menschen zusammengefaßt und auf die Zahlenebene reduziert wurden, sollen einige Äußerungen ehemaliger Seminarteilnehmer wiedergegeben werden:

»Gute Ergebnisse verzeichne ich bei der Besserung meiner Durchschlafstörungen, woran ich seit Jahren leide. Ich wache zwar auch jetzt noch nachts auf, schlafe aber nach Einsatz des autogenen Trainings nach kurzer Zeit wieder ein. Früher lag ich Stunden oder sogar für den Rest der Nacht wach. Die Schwere und Wärme kann ich auf Anhieb hervorrufen. Bei der nachfolgenden Atemübung fühle ich mich fast schwebend und falle gleich in Schlaf. Auch mein Allgemeinbefinden hat sich erheblich gebessert.

Die Sonnengeflechtübung gelingt noch nicht immer, und ich weiß sie auch noch nicht gezielt einzusetzen. Ich möchte sie gern zur Behebung der Verdauungsbeschwerden beherrschen. Das Schulternackenfeld war trotz fleißiger Übung bis jetzt nicht ansprechbar. Dabei wäre es für mein Bandscheibenleiden gewiß von großer Wichtigkeit.« (M.S.)

»Meine Beobachtungen sind noch nicht beendet. Fest steht auf jeden Fall bereits heute: Stets kalte Füße und Hände gehören der Vergangenheit an; mein Blutdruck und Kreislauf sind zur Zeit in Ordnung; wenn ich aufgeregt und nervös bin, hilft autogenes Training, um wieder ruhig zu werden.

Zum letztgenannten Punkt möchte ich noch bemerken, daß ich mich nachgerade nach dem autogenen Training sehne, wenn ich durch berufliche oder auch private Dinge nervlich überbelastet bin.

Zum Blutdruck und Kreislauf kann ich allerdings noch nichts Abschließendes sagen, denn ich beobachte und experimentiere z.Zt. noch. Ich glaube, daß es letzten Endes ein Lobgesang auf das autogene Training wird.

Auch wenn Punkt zwei in das Negative zurückverfallen sollte, so ist trotzdem das autogene Training bei mir ein voller Erfolg. Stetige kalte Füße und Hände zu haben und plötzlich davon befreit zu sein, ist mehr, als ich erwartete. Ich glaube auch, daß

150

ich im großen und ganzen bereits heute wesentlich ruhiger bin, und das verdanke ich nur dem autogenen Training.« (W. B.)

»Ich beherrsche das autogene Training so gut, daß ich die für mich wichtigen Übungen jederzeit einsetzen kann, ob ich allein bin oder nicht. Ich übe jeden Abend, tagsüber auch, sowie sich die Gelegenheit ergibt. Die Stirnkühleübung dauerte bei mir etwas länger. Jetzt brauche ich sie täglich gegen ansteigende Hitze. Wenn ich in Gefahr bin, in Atemnot zu geraten, so hilft mir die Formel 'ruhig', d.h., ich brauche nicht mehr Herz- und Atemübung einzeln anzuwenden. Ich habe seit langer Zeit keinen Asthma-Anfall mehr gehabt. Sehr gebessert haben sich die Verspannungen in den Schultern und im Nacken. Ich führe auch das auf das autogene Training zurück.
Ich denke gern an unsere interessante Runde zurück. Dort habe ich erfahren, daß ich eigentlich ein glücklicher Mensch bin, der sich an vielen Dingen freuen kann. Dieser Erfolg hat sich am Rande des autogenen Trainings eingestellt.« (J. W.)

»Mir gibt das autogene Training auch einen gewissen Auftrieb, weil ich nun in der Lage bin, Vorgänge in meinem Körper zu steuern, die ich vorher nicht beeinflussen konnte.« (H. S.)

»Es gelingt mir fast immer, auch tagsüber, im Liegen, nach einigen Minuten des Trainierens in einen erfrischenden Tiefschlaf zu fallen. Manchmal dehne ich das Training auf etwa eine halbe Stunde aus, wobei die Schwere zeitweise in Schweben übergeht und das Wohlbefinden im warm durchströmten Körper wächst. Da ich unter schweren Verdauungsbeschwerden leide, konzentriere ich mich besonders auf die Sonnengeflechtübung. Dabei spüre ich oft, wie sich in dieser Region Stauungen lösen und die Darmträgheit nachläßt. Die Stirnübung gelingt fast immer auf Anhieb. Die Formel: 'Ich bin vollkommen ruhig und gelassen' bedeutet für mich ein Lebensprogramm; ich sage sie mir oft in Gedanken vor, besonders, wenn ich Aufregungen oder sonstiges Unangenehme auf mich zukommen sehe.« (A. U.)

»Ich beherrsche die Übungen schon einigermaßen gut. Nur die Sonnengeflechtübung gelingt mir noch nicht. Äußerst wichtig fand ich für mich die Anregung, mich meinen eigenen Problemen zu stellen und nicht davor wegzulaufen. In Kombination mit dem autogenen Training habe ich dabei schon große Fortschritte gemacht.« (F. N.)

»Im vorigen Jahr hatte ich Rente beantragt, weil ich wirklich krank war, wenigstens fühlte ich mich sehr krank. Blutdruck, Kreislauf, Bandscheiben, Kopfschmerzen, kalte Hände und Füße, Calzium- und Kaliummangel machten mir sehr zu schaffen. Ich hatte den Lebensmut verloren und befaßte mich nur mit Dingen, die bei Greisen verständlicher sind.
Seitdem ich regelmäßig autogenes Training betreibe, ist meine Lebenseinstellung eine andere geworden. Ich unternehme wieder etwas, und mein ganzes Denken und Trachten ist nicht auf Sterben, sondern auf Leben ausgerichtet. Ich lache jetzt darüber, daß ich im vorigen Jahr Rentner werden wollte.« (W.B.)

»Zusammenfassend kann ich sagen, daß mir das autogene Training die Möglichkeit gibt, viele Beschwerden zu lindern bzw. abzustellen. Und das alles ohne fremde Hilfe, d.h. ohne Arzt und ohne Medikamente! Dabei halte ich die Erkenntnis, daß ich selbst für meinen Körper, für mich, etwas tun kann – und zwar mit Erfolg – für besonders wichtig. Es stärkt das Selbstwertgefühl ungemein und beeinflußt mich als ganzen Menschen positiv. Diese und andere wichtige Erkenntnisse verdanke ich einerseits dem durch Anwendung des autogenen Trainings erreichten Erfolg, zum anderen aber auch der äußerst hilfreichen Gruppendiskussion. Beides – Übungen und Gruppengespräch – ergänzen sich m.E. in sinnvoller Weise.« (C.B.)

Psychotherapiemöglich-keiten (Kontaktadressen)

Diejenigen, die die Möglichkeit haben, im Rahmen des autogenen Trainings an der Bewältigung ihrer Probleme und Konflikte zu arbeiten, sind anderen gegenüber im Vorteil.

Für autogen Trainierte ist es in Zukunft leichter, in diesen Bereichen Fortschritte zu machen. Die speziellen Hinweise in diesem Buch sollen zusätzliche Hilfen auf dem Weg zur Problembewältigung geben.

Wenn Sie feststellen sollten, daß Sie nach anfänglichen Fortschritten in der Bewältigung Ihrer Belastungsfaktoren nicht mehr weiterkommen, können Sie sich an eine der nachfolgend aufgeführten Psychotherapie- oder Trägerverbände wenden. Regionale Adressen erfahren Sie auch bei dem Gesundheitsamt sowie im Branchentelefonbuch unter der Rubrik »Psychotherapie«.

Psychotherapieverbände

Deutscher Psychotherapeutenverband, Hauptgeschäftsstelle: Bundesallee 213–214, 10719 Berlin

Deutsche Gesellschaft für Verhaltenstherapie, Hauptgeschäftsstelle: Postfach 1343, 72003 Tübingen

Gesellschaft für wissenschaftliche Gesprächspsychotherapie, Geschäftsstelle: Richard-Wagner-Straße 12, 50674 Köln

Gesellschaft für psychosomatische Therapie, Geschäftsstelle: Adlerstraße 21, 40211 Düsseldorf

Deutsche Gesellschaft für Ärztliche Hypnose und Autogenes Training e. V., Vorsitz: Bismarckallee 1–3, 23795 Bad Segeberg

Deutsche Gesellschaft für Hypnose, Bielefelder Straße 9, 32756 Detmold

Psychologischer Arbeitskreis für Autogenes Training und Tiefmuskel-Entspannungstraining, Paulinenstraße 20, 32108 Bad Salzuflen

Deutsche Gesellschaft für Gestaltungstherapie und Kreativitätsförderung, Sekretariat: Brehmstraße 9, 40239 Düsseldorf

Berufsverband Deutscher Psychologen, Sektion Klinische Psychologie, Bahnhofstraße 2 c, 55116 Mainz

Erziehungs- und Familienberatung

Bundeskonferenz für Erziehungsberatung e. V., Amalienstraße 6, 90763 Fürth

Katholisches Zentralinstitut für Ehe- und Familienfragen, Hohenzollernring 38 – 40, 50672 Köln

Evangelische Konferenz für Familien- und Lebensberatung e. V., Matterhornstraße 82, 14129 Berlin

Deutscher Caritasverband, Karlstraße 40, 79104 Freiburg

Diakonisches Werk, Hauptgeschäftsstelle: Stafflenbergstraße 76, 70184 Stuttgart

Deutscher Paritätischer Wohlfahrtsverband, Heinrich-Hoffmann-Straße 3, 60528 Frankfurt/M.

Bundesarbeitsgemeinschaft der Freien Wohlfahrtspflege, Rathausgasse 11, 53111 Bonn

Deutscher Kinderschutzbund, Schiffgraben 29, 30175 Hannover

Gesellschaft für Beratung und Therapie von Kindern, Jugendlichen und Eltern, Blumenstraße 22, 90762 Fürth

Bundesverband der Angehörigen psychisch Kranker, Thomas-Mann-Straße 49 a, 53111 Bonn

Arbeiterwohlfahrt, Bundesverband e. V., Oppelner Straße 3, 53119 Bonn

Pro Familia, Deutsche Gesellschaft für Sexualberatung und Familienplanung e. V., Cronstettenstraße 30, 60322 Frankfurt/M.

Deutsche Gesellschaft für soziale Psychiatrie, Stuppstraße 14, 50823 Köln

Sonstige Verbände

Berufsverband Deutscher Psychologen, Hauptgeschäftsstelle: Heilsbachstraße 22, 53123 Bonn

Deutsche Gesellschaft für Psychologie, Sekretariat: Max-Planck-Institut für Psycholog. Forschung, Leopoldstraße 24–26, 80802 München

Deutscher Berufsverband der Sozialarbeiter und Sozialpädagogen, Schützenbahn 17, 45127 Essen

EA – Selbsthilfegruppen f. seelische Gesundheit (Emotions Anonymous), Kontaktadr.: Klinik Kinzigtal, Bernbacher Straße 33, 76332 Bad Herrenalb, o. Hohenheimer Straße 75, 70184 Stuttgart

AA – Anonyme Alkoholiker, Landwehrstr. 9, 80336 München

Deutsche Arbeitsgemeinschaft Selbsthilfegruppen, Friedrichstraße 28, 35392 Gießen

Aktionsausschuß zur Verbesserung der Hilfe für psychisch Kranke, Beethovenstraße 61, 60325 Frankfurt/M.

Selbsthilfe für Krebsbetroffene, Annastraße 27, 44793 Bochum

Bundesarbeitsgemeinschaft für Rehabilitation, Walter-Kolb-Straße 9–11, 60594 Frankfurt/M.

Bundesärztekammer, Herbert-Lewin-Straße 1, 50931 Köln

Deutscher Patientenschutzbund, Adenauerallee 94, 53113 Bonn

Bundesarbeitsgemeinschaft »Hilfe für Behinderte«, Kirchfeldstraße 149, 40215 Düsseldorf

Deutsche Hauptstelle zur Abwehr der Suchtgefahren, Bahnhofstraße 2, 59065 Hamm

Bundesvereinigung für Gesundheitserziehung e. V., Viktoriastraße 28, 53173 Bonn

Bundesministerium für Gesundheit, Postfach 17 02 08, 53028 Bonn

Bundesgesundheitsamt, Thielallee 88–92, 14195 Berlin

Bundeszentrale für gesundheitliche Aufklärung, Ostmerheimerstraße 200, 51109 Köln

Literaturhinweise

HELMUT BRENNER: Tiefmuskel-Entspannungstraining, Übungs-
anleitung auf Toncassette (Bad Salzuflen, 1990, siehe S. 23)

HELMUT BRENNER: Entspannungs-Training, Buch und Toncassette
(München, 1993)

KNUD-EIKE BUCHMANN: Die Kunst der Gelassenheit (Freiburg,
1990)

WAYNE DYER: Der wunde Punkt (Reinbek, 1980)

WERNER GROSS: Hinter jeder Sucht ist eine Sehnsucht (Freiburg,
1991)

THOMAS HARRIS: Ich bin o. k. – Du bist o. k. (Reinbek, 1995)

DIETMAR JULI, M. ENGELBRECHT-GREVE: Streßverhalten ändern
lernen (Reinbek, 1995)

ELISABETH KÜBLER-ROSS: Reif werden zum Tode (Stuttgart, 1992)

KURT LANGBEIN U. A.: Bittere Pillen (Köln, 1996)

PETER LEWINSOHN U. A.: Der Weg zum seelischen Gleichgewicht
(Salzburg, 1982)

HEINZ-ROLF LÜCKERT: Angst und Panik (Niedernhausen, 1993)

ROLF MERKLE: Wenn das Leben zur Last wird (Mannheim, 1993)

NORBERT MESSING: Naturärzte-Wegweiser (Bad Schönborn, 1995)

DIETMAR OHM: Psyche, Verhalten und Gesundheit (Stuttgart, 1990)

JOHANN HEINRICH SCHULTZ: Übungsheft für das autogene Training
(Stuttgart, 1973)

MARIANNE TRAPPE: Selbstsicher – selbstbewußt (München, 1992)

FREDERIC VESTER: Phänomen Streß (München, 1992)

ASTRID WERNER: Gut sehen – dynamisch bleiben (München, 1990)

Fachausdrücke

Asthma, anfallsweise auftretende Luftnot

Autogenes Training, ein im Selbst entstehendes Beeinflussungstraining mit dem Ziel der körperlich-seelischen Entspannung

Autosuggestion, Selbstbeeinflussung

Biofeedback, Rückkopplung oder Rückmeldung von körperlichen Vorgängen in Form von optischen oder akustischen Signalen

Desensibilisierung, hier Aufhebung der angstbesetzten Überempfindlichkeit gegenüber bestimmten Objekten oder Personen

Emotion, Gefühl, Gefühlsäußerung

Generalisierung, Ausbreitung, Verallgemeinerung

Genese, Entwicklungsgeschichte einer Person oder eines Symptoms

Herzinfarkt, Gefäßverschluß im Bereich der das Herz versorgenden Herzkranzgefäße

Heterosuggestion, Fremdbeeinflussung, Beispiel: Hypnose

Hypertonie, erhöhter Blutdruck

Hypotonie, zu niedriger Blutdruck

Klient, Patient mit Selbstverantwortung und Eigeninitiative

Phobie, objekt- oder situationsbezogene Angst (z.B. Raumangst)

Psyche, Seele; Gesamtheit der menschlichen Erlebnis- und Verhaltensmöglichkeiten

Psychiatrie, Wissenschaft, die sich vorrangig mit den Geistes- und Gemütskrankheiten befaßt

Psychologie, Wissenschaft, die sich vorrangig mit dem menschlichen Verhalten im weitesten Sinne befaßt; dazu gehören u.a. die Emotionen

Psychosomatik, Lehre von den Wechselbeziehungen zwischen Seele und Körper

Psychotherapie, Behandlung seelischer Störungen mit psychologischen Mitteln

Soma, Körper

Symptom, Krankheitshinweis oder -zeichen (asthmatische Beschwerden sind ein Symptom für Verlassenheitsangst und für eine Bronchialerkrankung)

Vegetative Dystonie, ältere Sammelbezeichnung für nervöse Funktionsstörungen. Heutige Bezeichnung: Psychovegetatives Syndrom

Vegetatives Nervensystem, Lebensnervensystem, unwillkürliches, autonomes Nervensystem

Namenverzeichnis

Register

Weitere Titel aus dem humboldt-Programm

Gesundheit & Medizin